书名题写： 潘善助

艺术顾问： 戴 文 陈 靖

主　编： 冯宝麟

副主编： 刘思彤 陈珺瑶

编　委： 毕 博 路 阳 李明亮 杨 沆 张诗宇 蔡克非 梁勇第

语文课里的国学堂

第一季

主编 冯宝麟
副主编 刘思彤 陈珺瑶

潘善助题

河北出版传媒集团
河北少年儿童出版社
◎石家庄◎

图书在版编目（CIP）数据

语文课里的篆学堂．第一季 / 冯宝麟主编．— 石家庄：河北少年儿童出版社，2023.6

ISBN 978-7-5595-5746-9

Ⅰ．①语…　Ⅱ．①冯…　Ⅲ．①篆书－书法－中小学－教学参考资料　Ⅳ．①G634.955.3

中国国家版本馆CIP数据核字（2023）第073302号

语文课里的篆学堂（第一季）

YUWEN KE LI DE ZHUANXUE TANG

主　　编　冯宝麟

副 主 编　刘思彤　陈珺瑶

选题策划：段建军　康文义

责任编辑：王广春

封面设计：梁勇第

装帧设计：卞君君

出　　版　河北出版传媒集团　河北少年儿童出版社

地　　址　石家庄市桥西区普惠路6号　邮编　050020

电话　010-87653015（发行部）

发　　行　全国新华书店

印　　刷　鸿博睿特（天津）印刷科技有限公司

开　　本　787毫米×1092毫米　1/16

印　　张　11.25

版　　次　2023年6月第1版

印　　次　2023年6月第1次印刷

书　　号　ISBN 978-7-5595-5746-9

定　　价　150.00元

前言

『印者，信也。』这是蔡邕《独断》中对『印』的解释，讲明了印章的基本功能、基本属性。『印，执政者所持信也。』这是《说文解字》一书对『印』的解释。印，是掌握权力者行使权力的凭证，是权力的物化形式。

明清以降的文人篆刻，是由古代玺印演化而来，但其作为印章的属性已经发生了变异，主要功能是服务于艺术审美和创作者个性审美意志的表达。文彭、何震、汪关、林皋、邓石如、吴让之、赵之谦、徐三庚、吴昌硕、黄牧甫、赵古泥、齐白石、赵叔孺、王福庵、陈巨来等一代代篆刻巨星，灿烂于艺术的天宇。

当代的篆刻创作，攫取古典传统之精华，继续前贤未竟之探究，时代化、个性化探索也成就斐然，一批优秀的篆刻家应运而生，他们规模秦汉，师法明清，方轨前秀，垂范后昆。

2009年，经中国艺术研究院篆刻院联合西泠印社申报，『中国篆刻』被列入人类非物质文化遗产代表作名录，成为全人类的艺术瑰宝。篆刻艺术的学科建设也借现代教育之东风步入正轨，并呈方兴未艾之势。我从2018年开始，在中国艺术研究院研究生院招收篆刻方向的研究生，此前十多年间，已有多位学生以传统模式拜师学艺。现代院校教学与师徒授受形式对照，既能发现彼此的异同，又方便甄别各自的优劣。这本书的创作主力是我和我的学生们，相当于一本师生作品集。篆刻作品的内容，皆出自中小学语文课本中的古今诗文经典。旨在通过对当代两种教学模式下形成的创作成果的展示，给篆刻初学者、爱好者特别是中小学生提供一个直观的参考，也可以作为研究当代艺术教学的个案。

这是一个很具挑战性的工作，正因为具有挑战性，所以也就具有了特殊的意义。最大的挑战是，绝大多数篆刻作品，都属于命题创作，而且要在规定的时间内完成。同学们资质有别、追求各异，所以，我们的原则是：尊重大家对艺术风格、发展方向的选择，以『各美其美，美人之美，美美与共，天下大同』为理想，使每个人的创作潜能得到最彻底的释放、个性面目得以最自由的呈现。这本书的创作，成为我们师生团队的一次集体大练兵；这本书的出版，则是我们师生团队最新创作成果的集中展示。

在创作的过程中，有幸请到了中国书法家协会篆书委员会秘书长、中国艺术研究院篆刻院研究员戴文先生和『全国第九届书法篆刻展』一等奖、『全国第六届篆刻艺术展』一等奖、『首届中国书法兰亭奖』创作奖获得者，中国书法家协会篆刻委员会委员陈靖先生评点作品、指导创作，这对于同学们开阔视野、拓展思路、丰富创作语汇、提高鉴赏水平意义非凡。书中也收录了戴文、陈靖两位先生的特邀作品，为本书增色颇多。

中国书法家协会副主席、中国书法家协会书法教育委员会主任潘善助先生在百忙之中为本书题写了书名。

对师友们的厚爱和给予的鼎力支持，在此一并表示衷心的感谢。

癸卯闰二月冯宝麟于婉通精舍之晴窗下

大自然的语言（节选）

竺可桢

立春过后，大地渐渐从沉睡中苏醒过来。冰雪融化，草木萌发，各种花次第开放。再过两个月，燕子翩然归来。不久，布谷鸟也来了。于是转入炎热的夏季，这是植物孕育果实的时期。到了秋天，果实成熟，植物的叶子渐渐变黄，在秋风中簌簌地落下来。北雁南飞，活跃在田间草际的昆虫也都销声匿迹。到处呈现一片衰草连天的景象，准备迎接风雪载途的寒冬。在地球上温带和亚热带区域里，年年如是，周而复始。

几千年来，劳动人民注意了草木荣枯、候鸟去来等自然现象同气候的关系，据以安排农事。杏花开了，就好像大自然在传语要赶快耕地；桃花开了，又好像在暗示要赶快种谷子。布谷鸟开始唱歌，劳动人民懂得它在唱什么：“阿公阿婆，割麦插禾。”这样看来，花香鸟语，草长莺飞，都是大自然的语言。

这些自然现象，我国古代劳动人民称它为物候。物候知识在我国起源很早。古代流传下来的许多农谚就包含了丰富的物候知识。到了近代，利用物候知识来研究农业生产，已经发展为一门科学，就是物候学。物候学记录植物的生长荣枯，动物的养育往来，如桃花开、燕子来等自然现象，从而了解随着时节推移的气候变化和这种变化对动植物的影响。

物候学这门科学接近生物学中的生态学和气象学中的农业气象学。物候学是关系到农业丰产的科学，我们要进一步加强物候观测，懂得大自然的语言，争取农业更大的丰收。

二十四节气以地球围绕太阳公转的一个周期作为一个轮回，表征了地球在公转轨道上的位置和季节、气候的对应关系，能够准确反映自然节律变化。2016年11月30日，二十四节气被正式列入联合国教科文组织人类非物质文化遗产代表作名录。在国际气象界，二十四节气被誉为“中国的第五大发明”。

立春◎冯宝麟

❶

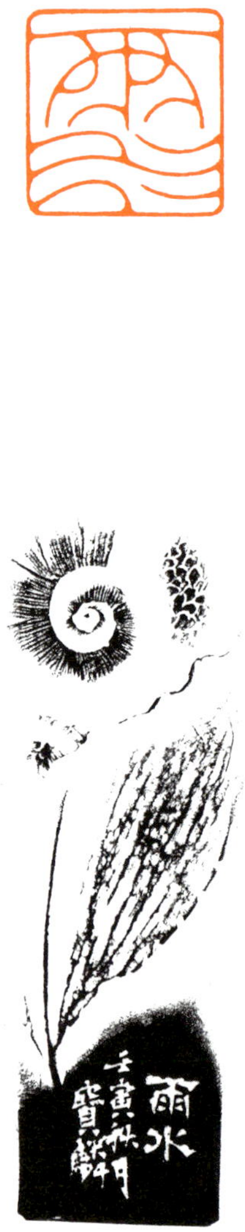

雨水◎冯宝麟

❷

惊蛰◎冯宝麟

③

春分◎冯宝麟

④

清明◎冯宝麟

⑤

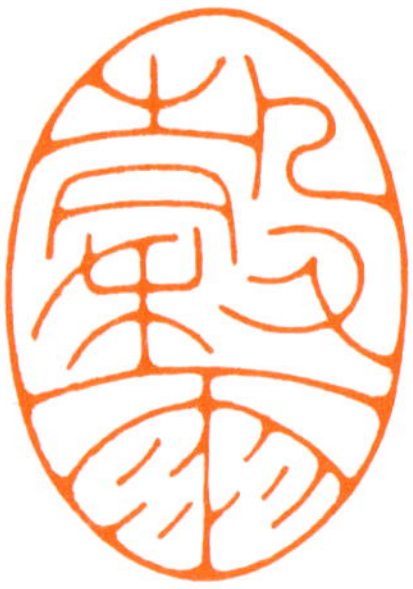

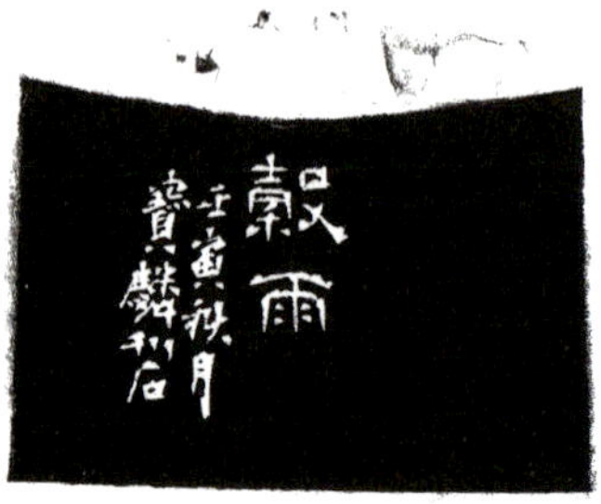

谷雨◎冯宝麟

⑥

立夏◎冯宝麟

❼

小满◎冯宝麟

❽

芒种◎冯宝麟 ⑨

夏至◎冯宝麟 ⑩

小暑◎冯宝麟

⑪

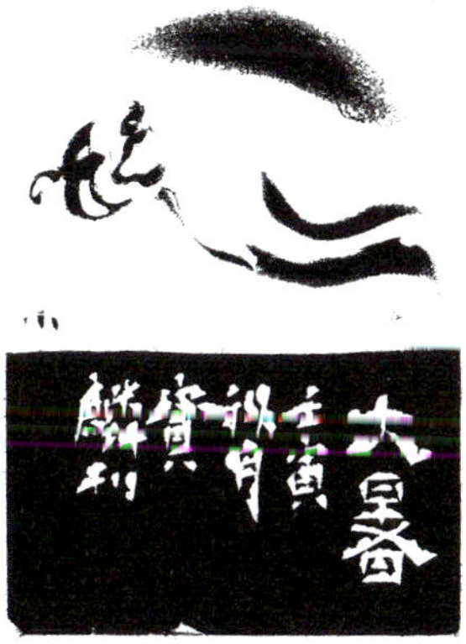

大暑◎冯宝麟

⑫

立秋◎冯宝麟

⑬

处暑◎冯宝麟

⑭

白露◎冯宝麟

15

秋分◎冯宝麟

16

寒露◎冯宝麟

⑰

霜降◎冯宝麟

⑱

立冬◎冯宝麟

19

小雪◎冯宝麟

20

大雪◎冯宝麟

㉑

冬至◎冯宝麟

㉒

小寒◎冯宝麟

㉓

大寒◎冯宝麟

㉔

借问酒家何处有◎李建隆 ㉖

王安石◎杨沆 ㉕

清明

［唐］杜　牧

清明时节雨纷纷，
路上行人欲断魂。
借问酒家何处有？
牧童遥指杏花村。

元日

［宋］王安石

爆竹声中一岁除，
春风送暖入屠苏。
千门万户曈曈日，
总把新桃换旧符。

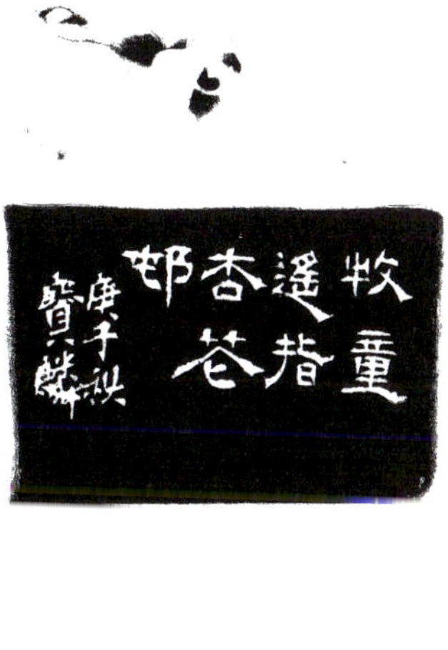

牧童遥指杏花村◎冯宝麟

轻烟散入五侯家◎毕博
㉘

寒食

［唐］韩翃

春城无处不飞花，
寒食东风御柳斜。
日暮汉宫传蜡烛，
轻烟散入五侯家。

一七

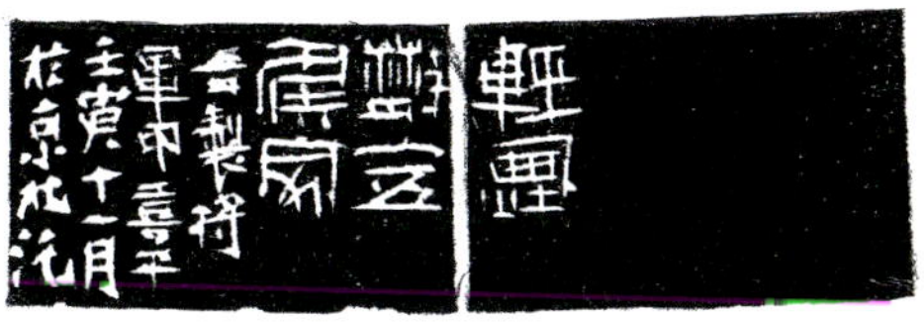

轻烟散入五侯家◎杨沆

春城无处不飞花◎李侃

㉚

春城无处不飞花◎宋玉磊

随风潜入夜　润物细无声◎周铁

32

春夜喜雨

［唐］杜甫

好雨知时节，当春乃发生。
随风潜入夜，润物细无声。
野径云俱黑，江船火独明。
晓看红湿处，花重锦官城。

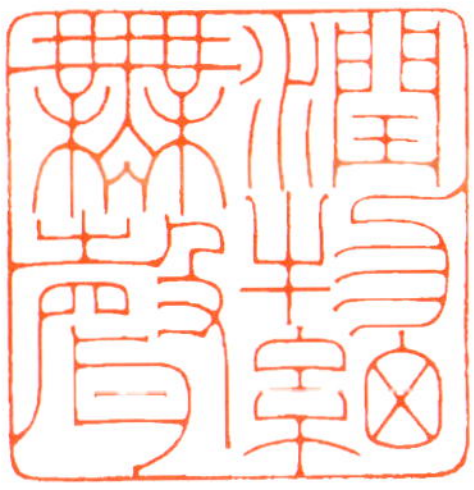

润物细无声◎宋玉磊

33

江船火独明◎毕博

34

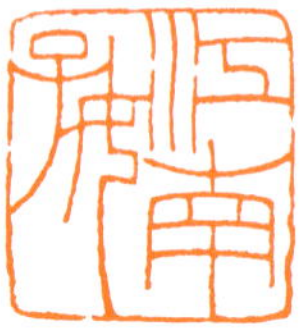

江南好◎李明亮

35

忆江南

［唐］白居易

江南好，风景旧曾谙。
日出江花红胜火，
春来江水绿如蓝。
能不忆江南？

八百里湖山知是何年图画　十万家灯火尽归此处楼台 ◎李侃

36

朱熹◎杨沆 37

春日

［宋］朱熹

胜日寻芳泗水滨，
无边光景一时新。
等闲识得东风面，
万紫千红总是春。

无边光景一时新◎李建隆 38

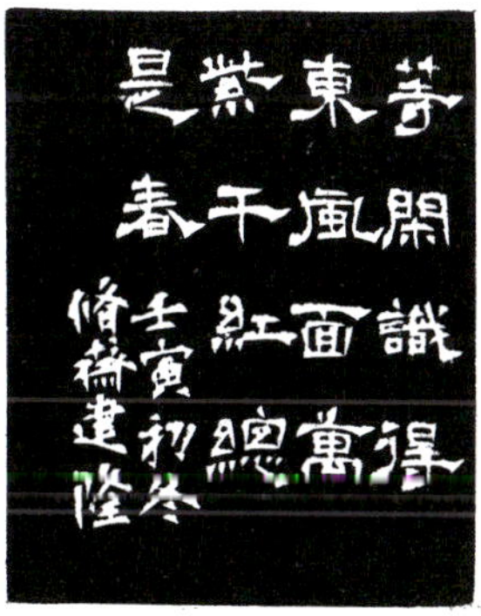

万紫千红总是春◎李建隆

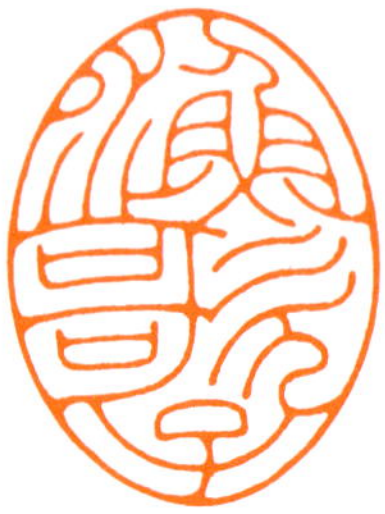

渔歌子◎冯宝麟 40

渔歌子

［唐］张志和

西塞山前白鹭飞，
桃花流水鳜鱼肥。
青箬笠，绿蓑衣，
斜风细雨不须归。

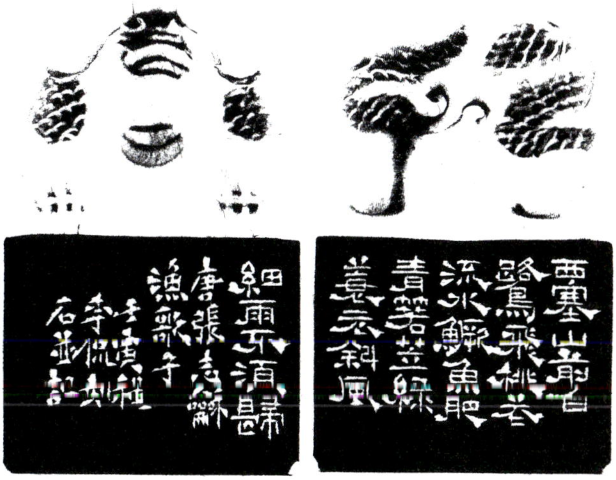

二七

桃花流水鳜鱼肥◎李侃

人间四月芳菲尽◎常锦硕

42

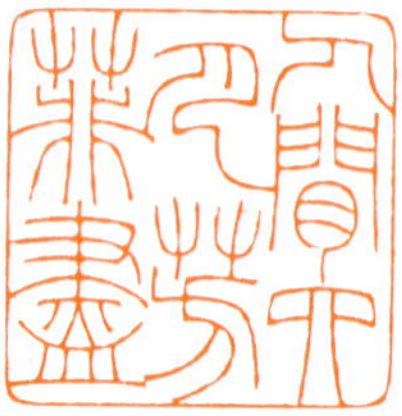

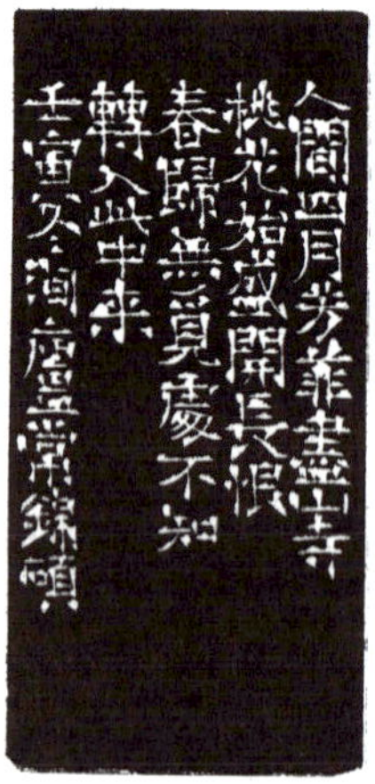

大林寺桃花

[唐] 白居易

人间四月芳菲尽，山寺桃花始盛开。
长恨春归无觅处，不知转入此中来。

滁州西涧

［唐］韦应物

独怜幽草涧边生，上有黄鹂深树鸣。
春潮带雨晚来急，野渡无人舟自横。

野渡无人舟自横◎李明亮 ㊸

野渡无人舟自横◎张诗宇 ㊹

银河◎杨沆

45

盈盈一水间◎鹿梦嘉

46

迢迢牵牛星

[汉] 佚名

迢迢牵牛星，皎皎河汉女。纤纤擢素手，札札弄机杼。
终日不成章，泣涕零如雨。河汉清且浅，相去复几许。
盈盈一水间，脉脉不得语。

暮江吟

［唐］白居易

一道残阳铺水中，半江瑟瑟半江红。
可怜九月初三夜，露似真珠月似弓。

露似真珠月似弓◎顾可仑

鸣蝉◎顾可仑 48

所见

［清］袁枚

牧童骑黄牛，歌声振林樾。
意欲捕鸣蝉，忽然闭口立。

鸣蝉◎常锦硕 49

蝉

［唐］虞世南

垂緌饮清露，流响出疏桐。
居高声自远，非是藉秋风。

居高声自远◎顾可仑

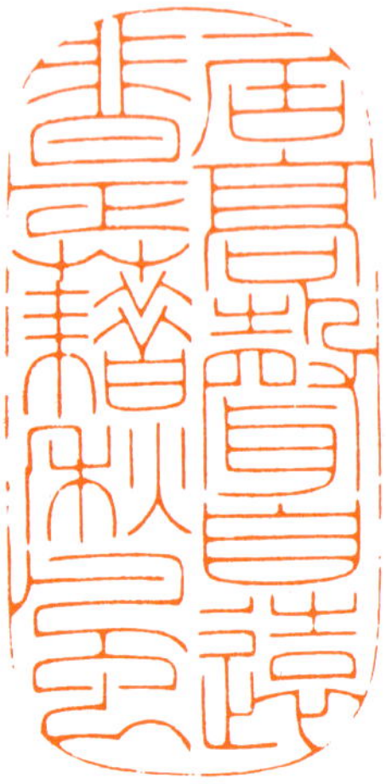

居高声自远 非是藉秋风◎程二军

51

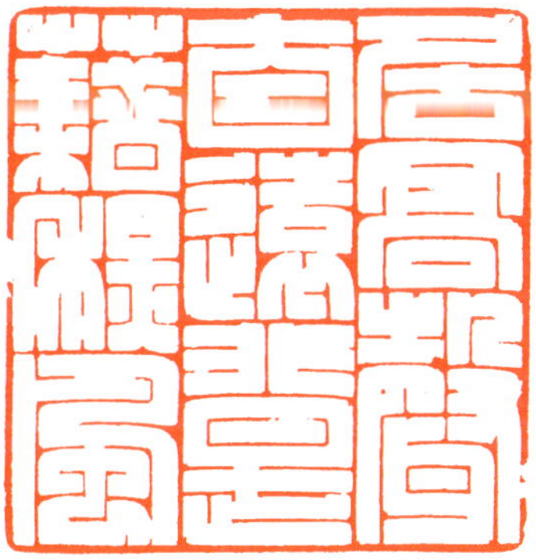

居高声自远　非是藉秋风◎李建隆

不要人夸好颜色◎李建隆 53

墨梅

[元]王冕

我家洗砚池头树，
朵朵花开淡墨痕。
不要人夸好颜色，
只留清气满乾坤。

荷叶罗裙一色裁◎李建隆 54

采莲曲

〔唐〕王昌龄

荷叶罗裙一色裁，
芙蓉向脸两边开。
乱入池中看不见，
闻歌始觉有人来。

任尔东西南北风◎袁文甲 55

竹石

［清］郑燮

咬定青山不放松，
立根原在破岩中。
千磨万击还坚劲，
任尔东西南北风。

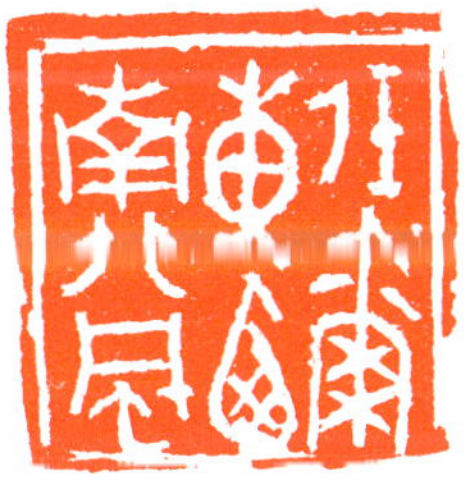

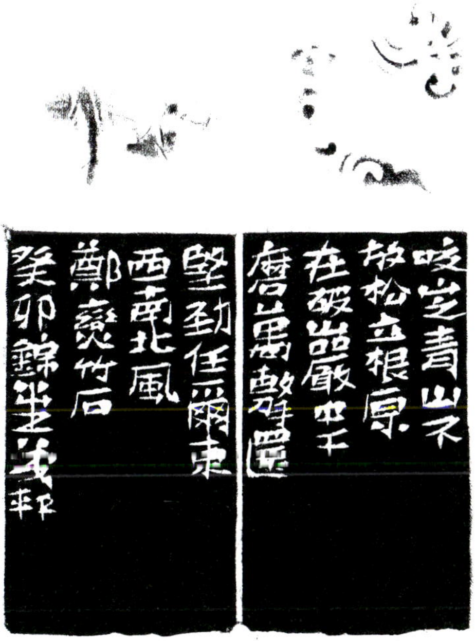
咬定青山不
放松立根原
在破岩中千
磨萬擊還
堅勁任爾東
西南北風
鄭燮竹石

任尔东西南北风◎唐茂轩

56

57 大漠沙如雪◎路阳

58 大漠沙如雪◎陈珺瑶

马诗

［唐］李贺

大漠沙如雪，
燕山月似钩。
何当金络脑，
快走踏清秋。

四一

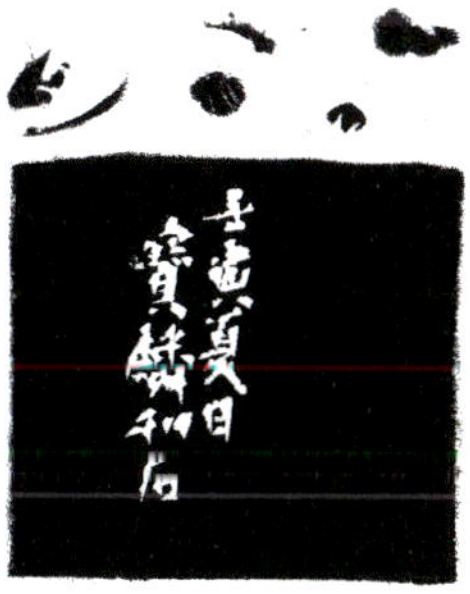

燕山月似钩◎冯宝麟

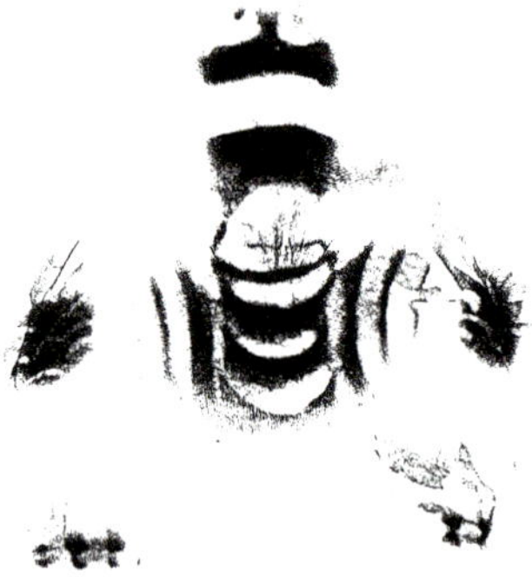

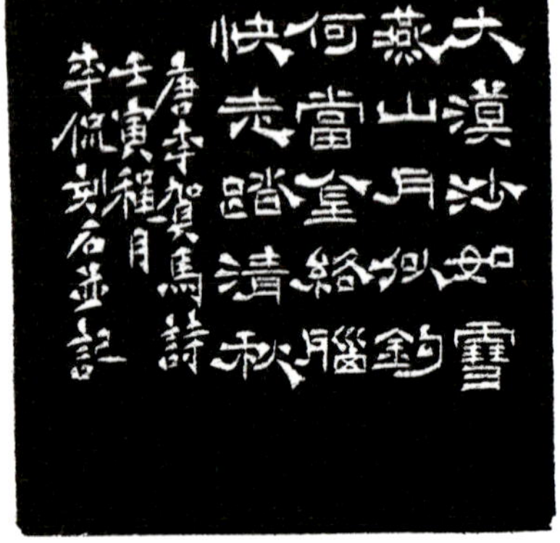

大漠沙如雪　燕山月似钩◎李侃

60

敕勒歌

北朝民歌

敕勒川，阴山下，天似穹庐，笼盖四野。
天苍苍，野茫茫，风吹草低见牛羊。

风吹草低见牛羊◎张诗宇 61

风吹草低见牛羊◎邓少剑 62

崔颢◎杨沆
63

黄鹤楼

[唐]崔颢

昔人已乘黄鹤去，
此地空余黄鹤楼。
黄鹤一去不复返，
白云千载空悠悠。
晴川历历汉阳树，
芳草萋萋鹦鹉洲。
日暮乡关何处是？
烟波江上使人愁。

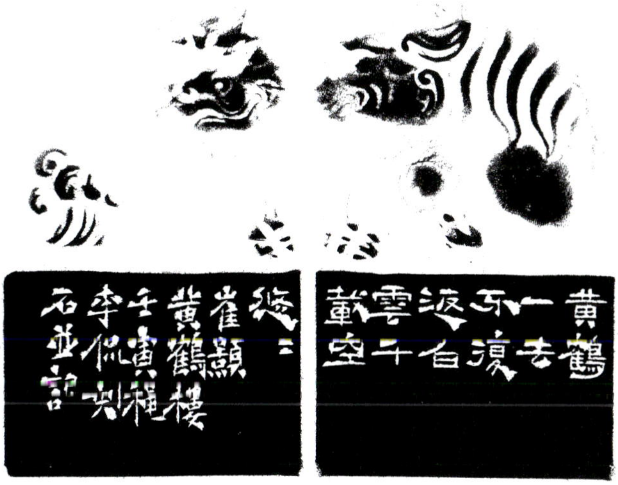

白云千载空悠悠◎李侃

更上一层楼◎陈靖 65

更上一层楼◎冯宝麟 66

登鹳雀楼

［唐］王之涣

白日依山尽，
黄河入海流。
欲穷千里目，
更上一层楼。

白日依山尽　黄河入海流　欲穷千里目　更上一层楼◎周铁

白日依山尽◎杨沉

68

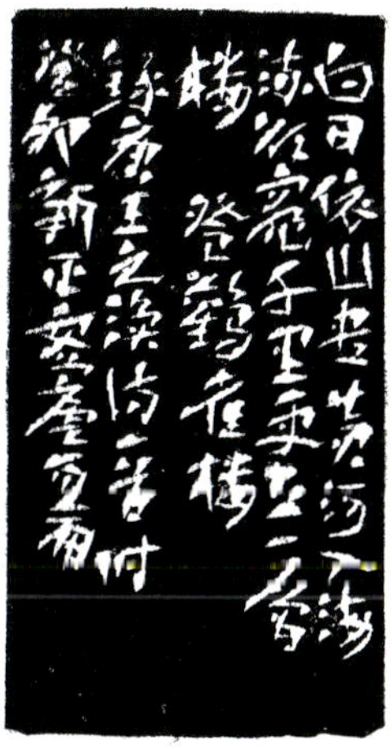

欲穷千里目◎顾可仑

唯见长江天际流◎杨流

70

黄鹤楼送孟浩然之广陵

［唐］李　白

故人西辞黄鹤楼，烟花三月下扬州。
孤帆远影碧空尽，唯见长江天际流。

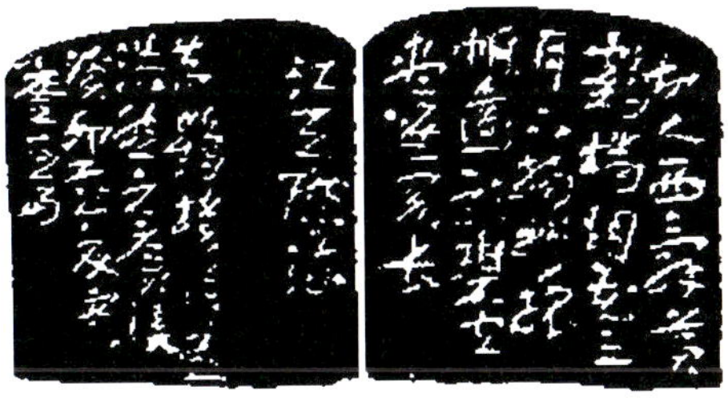

五一

烟花三月下扬州◎顾可仑

拂堤杨柳醉春烟◎李明亮

72

村居

［清］商鼎

草长莺飞二月天，拂堤杨柳醉春烟。
儿童散学归来早，忙趁东风放纸鸢。

乡村四月

［宋］翁卷

绿遍山原白满川，子规声里雨如烟。
乡村四月闲人少，才了蚕桑又插田。

子规声里雨如烟◎杨沆

溪上青青草◎冯宝麟 74

溪上青青草◎张诗宇 75

清平乐·村居

[宋]辛弃疾

茅檐低小，溪上青青草。醉里吴音相媚好，白发谁家翁媪？
大儿锄豆溪东，中儿正织鸡笼。最喜小儿亡赖，溪头卧剥莲蓬。

西江月·夜行黄沙道中

[宋] 辛弃疾

明月别枝惊鹊，清风半夜鸣蝉。稻花香里说丰年，听取蛙声一片。

七八个星天外，两三点雨山前。旧时茅店社林边，路转溪桥忽见。

稻花香里说丰年◎李明亮

76

清风半夜鸣蝉◎李建隆

77

稻花香里说丰年　听取蛙声一片◎常锦硕

78

桃花源记

[晋]陶渊明

晋太元中，武陵人捕鱼为业。缘溪行，忘路之远近。忽逢桃花林，夹岸数百步，中无杂树，芳草鲜美，落英缤纷。渔人甚异之，复前行，欲穷其林。

林尽水源，便得一山，山有小口，仿佛若有光。便舍船，从口入。初极狭，才通人。复行数十步，豁然开朗。土地平旷，屋舍俨然，有良田、美池、桑竹之属。阡陌交通，鸡犬相闻。其中往来种作，男女衣着，悉如外人。黄发垂髫，并怡然自乐。

见渔人，乃大惊，问所从来。具答之。便要还家，设酒杀鸡作食。村中闻有此人，咸来问讯。自云先世避秦时乱，率妻子邑人来此绝境，不复出焉，遂与外人间隔。问今是何世，乃不知有汉，无论魏晋。此人一一为具言所闻，皆叹惋。余人各复延至其家，皆出酒食。停数日，辞去。此中人语云：『不足为外人道也。』

既出，得其船，便扶向路，处处志之。及郡下，诣太守，说如此。太守即遣人随其往，寻向所志，遂迷，不复得路。

南阳刘子骥，高尚士也，闻之，欣然规往。未果，寻病终，后遂无问津者。

白云生处有人家◎李明亮
80

山行

［唐］杜牧

远上寒山石径斜，
白云生处有人家。
停车坐爱枫林晚，
霜叶红于二月花。

不识庐山真面目◎毕博

01

题西林壁

［宋］苏　轼

横看成岭侧成峰，
远近高低各不同。
不识庐山真面目，
只缘身在此山中。

夜宿山寺

［唐］李白

危楼高百尺，手可摘星辰。
不敢高声语，恐惊天上人。

望庐山瀑布

［唐］李白

日照香炉生紫烟，遥看瀑布挂前川。
飞流直下三千尺，疑是银河落九天。

手可摘星辰◎张诗宇

82

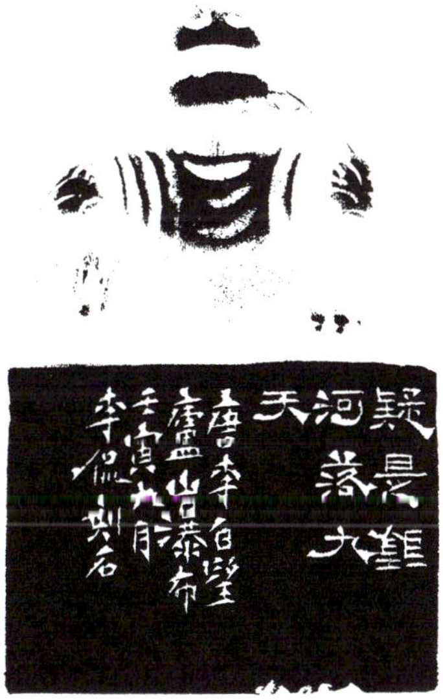

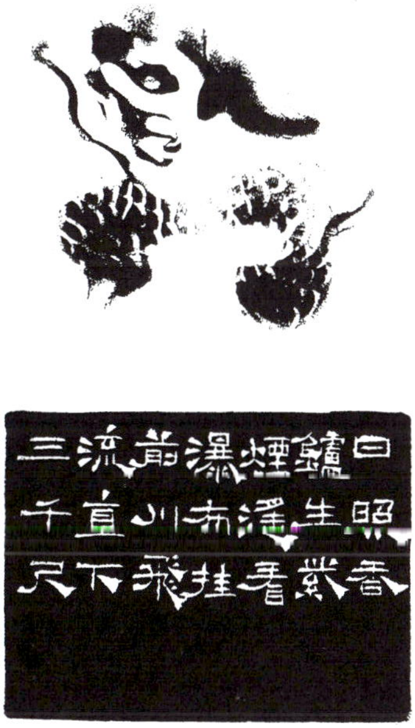

六三

日照香炉生紫烟◎李侃

两岸青山相对出◎顾可仑
84

孤帆一片日边来◎李明亮
85

望天门山

［唐］李 白

天门中断楚江开，碧水东流至此回。
两岸青山相对出，孤帆一片日边来。

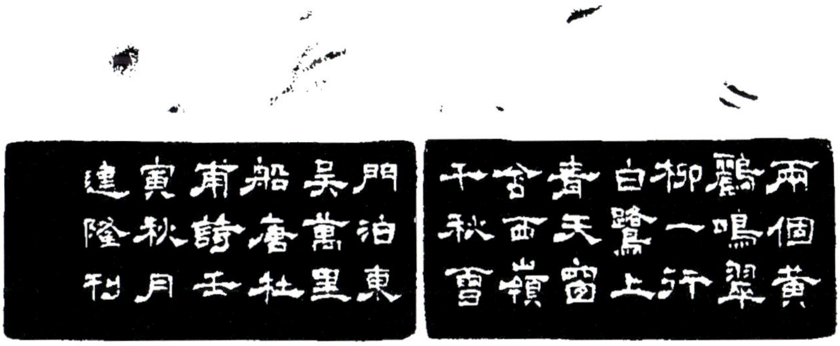

窗含西岭千秋雪　门泊东吴万里船◎李建隆

86

绝句

[唐]杜甫

两个黄鹂鸣翠柳，
一行白鹭上青天。
窗含西岭千秋雪，
门泊东吴万里船。

使至塞上

[唐]王维

单车欲问边，属国过居延。征蓬出汉塞，归雁入胡天。
大漠孤烟直，长河落日圆。萧关逢候骑，都护在燕然。

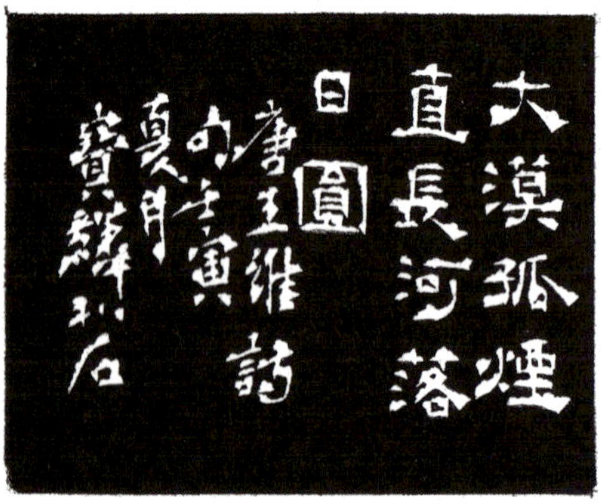

大漠孤烟直◎冯宝麟

长河落日圆◎冯宝麟

88

长河落日圆◎毕博

89

九曲黄河万里沙◎路阳 90

浪淘沙

［唐］刘禹锡

九曲黄河万里沙，
浪淘风簸自天涯。
如今直上银河去，
同到牵牛织女家。

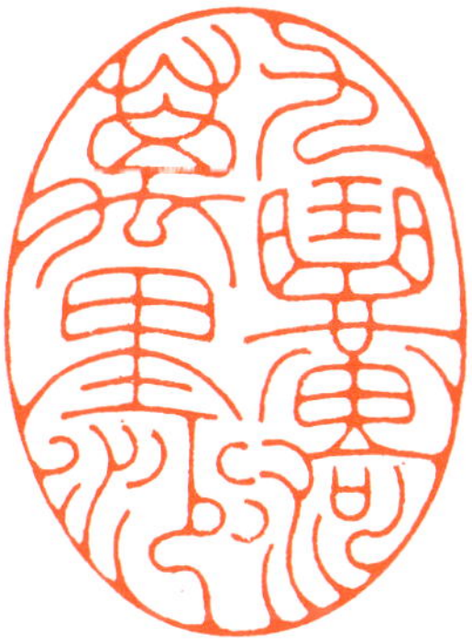

六九

九曲黄河万里沙◎冯宝麟

星汉灿烂◎李侃 92

观沧海

［魏］曹 操

东临碣石，以观沧海。
水何澹澹，山岛竦峙。
树木丛生，百草丰茂。
秋风萧瑟，洪波涌起。
日月之行，若出其中；
星汉灿烂，若出其里。
幸甚至哉，歌以咏志。

独坐敬亭山

[唐] 李白

众鸟高飞尽，孤云独去闲。
相看两不厌，只有敬亭山。

孤云独去闲◎李明亮

95

李白◎杨沆

93

孤云独去闲◎杨沆

94

万物静观皆自得◎冯宝麟

96

偶成

［宋］程颢

闲来无事不从容，睡觉东窗日已红。
万物静观皆自得，四时佳兴与人同。
道通天地有形外，思入风云变态中。
富贵不淫贫贱乐，男儿到此是豪雄。

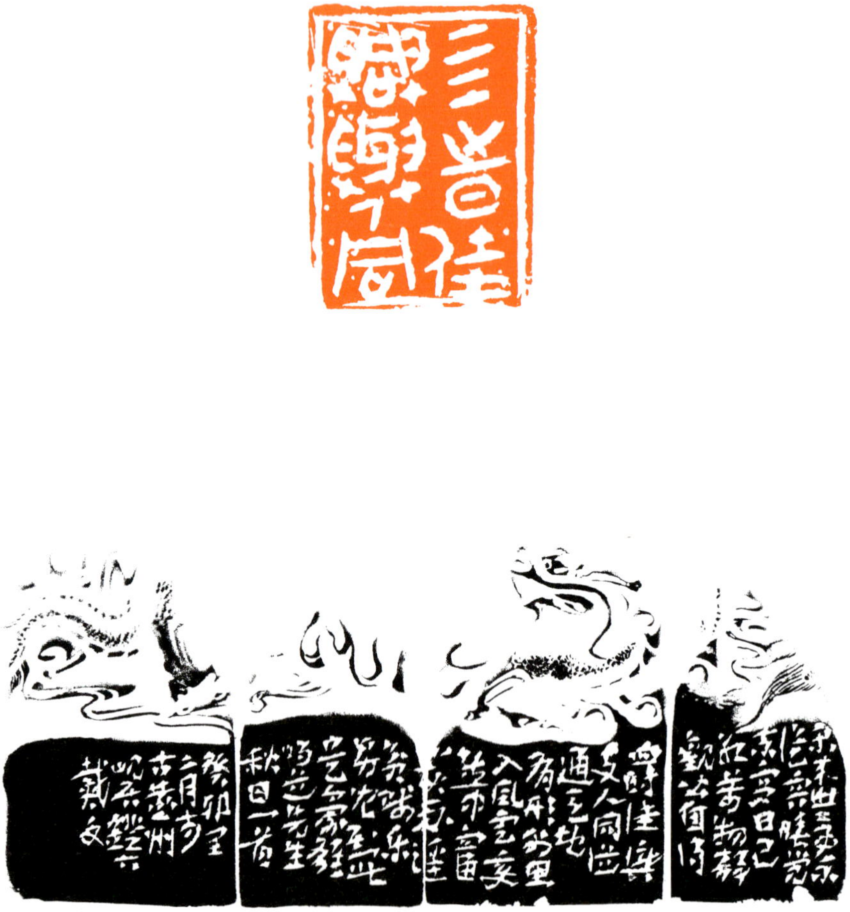

四时佳兴与人同◎戴文

98

道通天地有形外◎梁勇第

99

男儿到此是豪雄◎顾可仑

100

千里江陵一日还◎尹义桐 101

轻舟已过万重山◎霍翠 102

早发白帝城

〔唐〕李 白

朝辞白帝彩云间，
千里江陵一日还。
两岸猿声啼不住，
轻舟已过万重山。

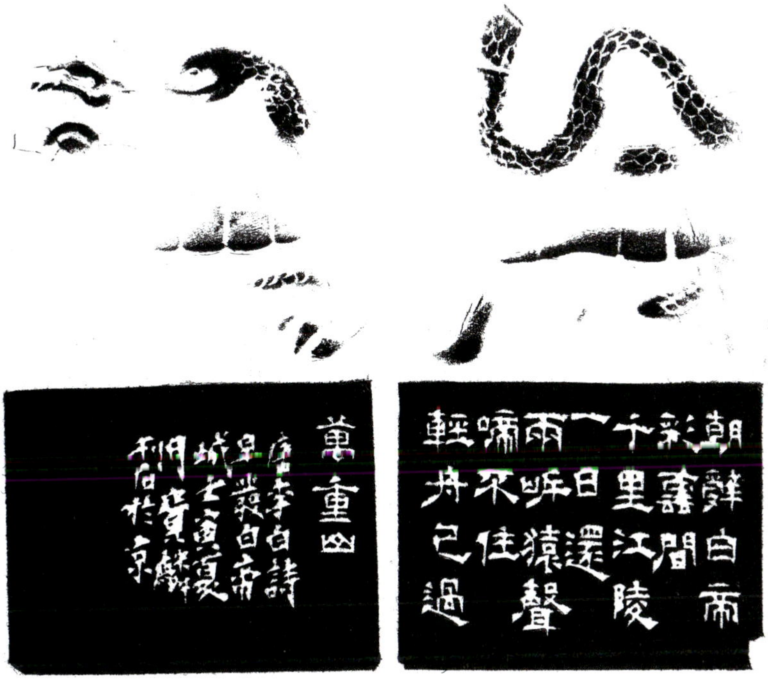

七七

两岸猿声啼不住 轻舟已过万重山◎冯宝麟

明月松间照◎陈珺瑶

104

清泉石上流◎邓少剑

105

清泉石上流◎宋德建

106

山居秋暝

[唐]王 维

空山新雨后，天气晚来秋。
明月松间照，清泉石上流。
竹喧归浣女，莲动下渔舟。
随意春芳歇，王孙自可留。

明月松间照◎李侃

107

清泉石上流◎李侃

108

明月松间照◎冯宝麟

109

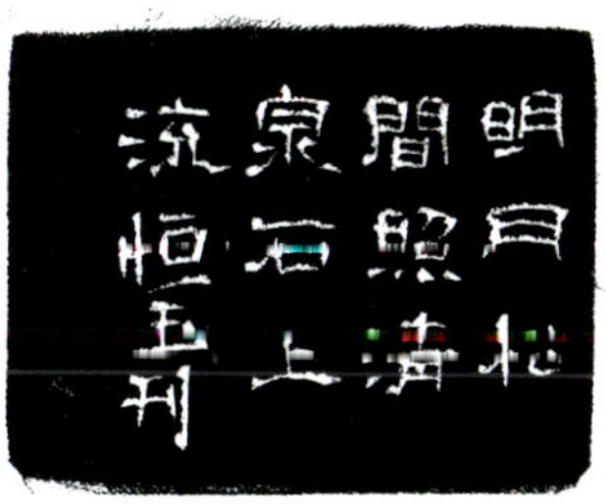

明月松间照　清泉石上流◎宋玉磊

110

空山不见人◎鹿梦嘉 111

鹿柴

［唐］王维

空山不见人，但闻人语响。
返景入深林，复照青苔上。

人闲桂花落◎李侃 112

鸟鸣涧

［唐］王维

人闲桂花落，夜静春山空。
月出惊山鸟，时鸣春涧中。

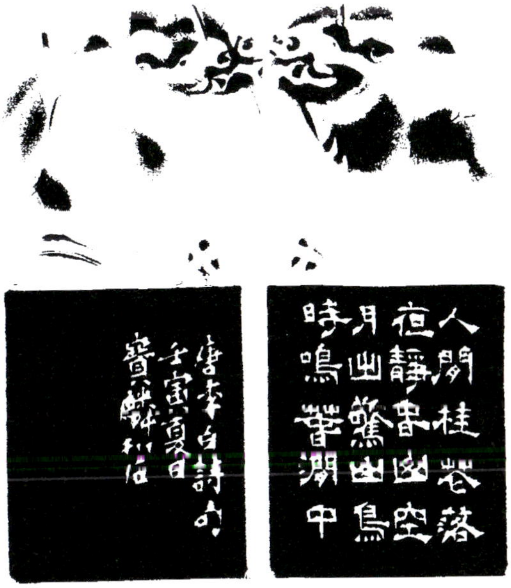

八三

月出惊山鸟◎冯宝麟

游子吟

[唐] 孟郊

慈母手中线，游子身上衣。
临行密密缝，意恐迟迟归。
谁言寸草心，报得三春晖。

孟郊◎杨沆

114

报得三春晖◎邓少剑

115

闻王昌龄左迁龙标遥有此寄

［唐］李　白

杨花落尽子规啼，闻道龙标过五溪。
我寄愁心与明月，随君直到夜郎西。

我寄愁心与明月◎李侃

劝君更尽一杯酒◎宋玉磊

117

劝君更尽一杯酒◎李明亮

118

送元二使安西

［唐］王　维

渭城朝雨浥轻尘，
客舍青青柳色新。
劝君更尽一杯酒，
西出阳关无故人。

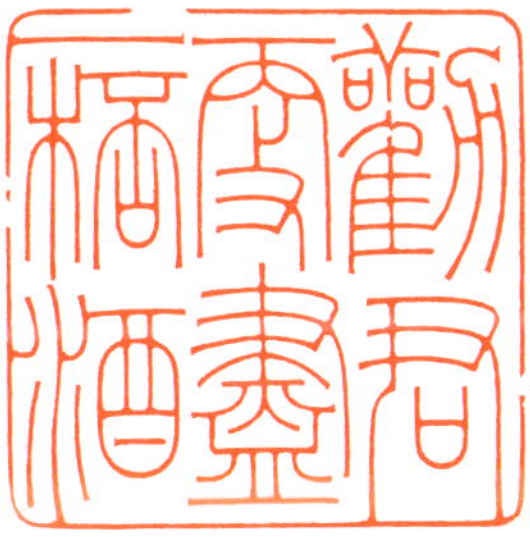
勸君更盡一杯酒

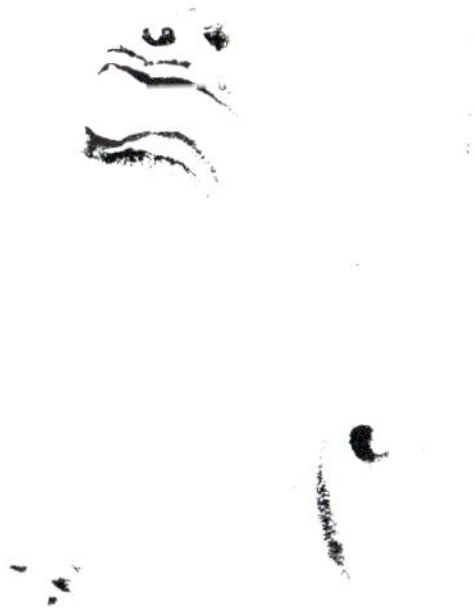

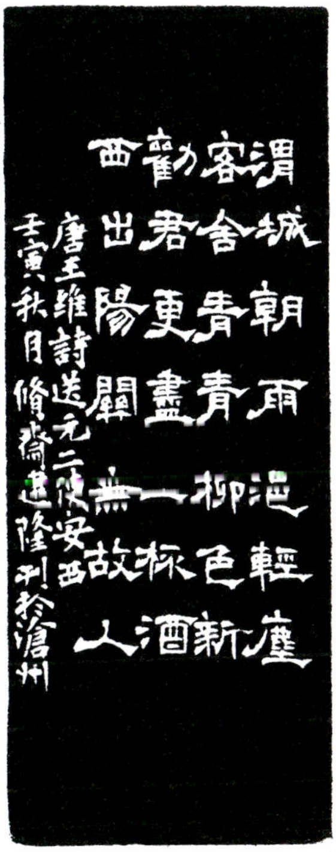
渭城朝雨浥輕塵
客舍青青柳色新
勸君更盡一杯酒
西出陽關無故人
唐王維詩送元二使安西
壬寅秋月修齋建隆刊於滄州

劝君更尽一杯酒◎李建隆

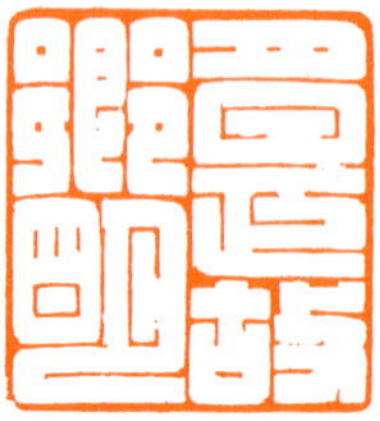

月是故乡明◎李建隆 120

月夜忆舍弟

［唐］杜　甫

戍鼓断人行，边秋一雁声。
露从今夜白，月是故乡明。
有弟皆分散，无家问死生。
寄书长不达，况乃未休兵。

月是故乡明◎冯宝麟

121

十五夜望月寄杜郎中

［唐］王　建

中庭地白树栖鸦，冷露无声湿桂花。
今夜月明人尽望，不知秋思落谁家。

今夜月明人尽望◎刘思彤

122

今夜月明人尽望◎范渝加

123

不知秋思落谁家◎范渝加

124

今夜月明人尽望◎冯宝麟

⑫⑤

不知秋思落谁家◎杨沆

长相思·出塞

［清］纳兰性德

山一程，水一程，身向榆关那畔行，夜深千帐灯。
风一更，雪一更，聒碎乡心梦不成，故园无此声。

夜深千帐灯◎李侃

127

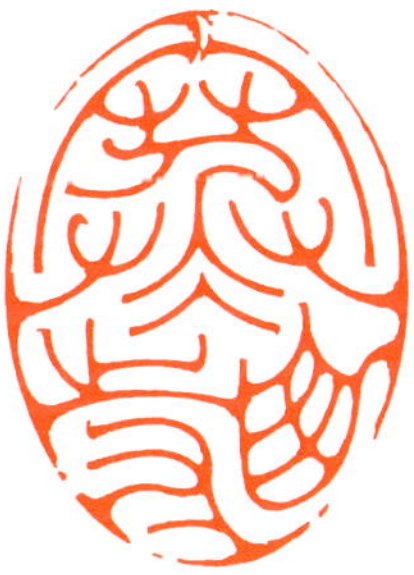

寒山寺◎李侃

128

枫桥夜泊

〔唐〕张　继

月落乌啼霜满天，
江枫渔火对愁眠。
姑苏城外寒山寺，
夜半钟声到客船。

叶绍翁◎杨沆

129

夜书所见

〔宋〕叶绍翁

萧萧梧叶送寒声，
江上秋风动客情。
知有儿童挑促织，
夜深篱落一灯明。

宿建德江

［唐］孟浩然

移舟泊烟渚，日暮客愁新。
野旷天低树，江清月近人。

日暮客愁新◎唐茂轩

130

九月九日忆山东兄弟

［唐］王维

独在异乡为异客，每逢佳节倍思亲。
遥知兄弟登高处，遍插茱萸少一人。

独在异乡为异客◎李明亮

131

芙蓉楼送辛渐

［唐］王昌龄

寒雨连江夜入吴，平明送客楚山孤。
洛阳亲友如相问，一片冰心在玉壶。

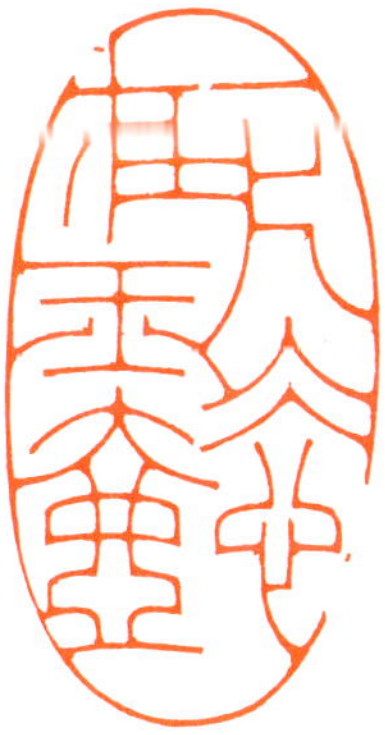

一片冰心在玉壶◎冯宝麟

132

但愿人长久◎冯宝麟

133

水调歌头·明月几时有

［宋］苏 轼

丙辰中秋，欢饮达旦，大醉，作此篇，兼怀子由。

明月几时有？把酒问青天。不知天上宫阙，今夕是何年。我欲乘风归去，又恐琼楼玉宇，高处不胜寒。起舞弄清影，何似在人间。

转朱阁，低绮户，照无眠。不应有恨，何事长向别时圆？人有悲欢离合，月有阴晴圆缺，此事古难全。但愿人长久，千里共婵娟。

九九

明月几时有　把酒问青天　不知天上宫阙　今夕是何年　我欲乘风归去　又恐琼楼玉宇　高处不胜寒　起舞弄清影　何似在人间

转朱阁　低绮户　照无眠　不应有恨　何事长向别时圆　人有悲欢离合　月有阴晴圆缺　此事古难全　但愿人长久　千里共婵娟

◎李明亮

高处不胜寒◎雷森明

135

钟鼓乐之◎戴文

137

诗经·关雎

关关雎鸠，在河之洲。
窈窕淑女，君子好逑。
参差荇菜，左右流之。
窈窕淑女，寤寐求之。
求之不得，寤寐思服。
悠哉悠哉，辗转反侧。
参差荇菜，左右采之。
窈窕淑女，琴瑟友之。
参差荇菜，左右芼之。
窈窕淑女，钟鼓乐之。

在水一方◎吴英昌 138

诗经·蒹葭

蒹葭苍苍，白露为霜。
所谓伊人，在水一方。
溯洄从之，道阻且长。
溯游从之，宛在水中央。

蒹葭萋萋，白露未晞。
所谓伊人，在水之湄。
溯洄从之，道阻且跻。
溯游从之，宛在水中坻。

蒹葭采采，白露未已。
所谓伊人，在水之涘。
溯洄从之，道阻且右。
溯游从之，宛在水中沚。

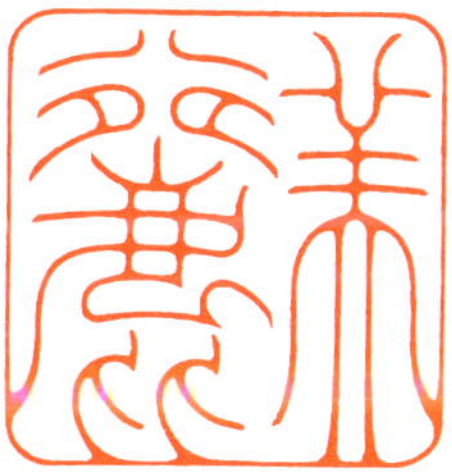

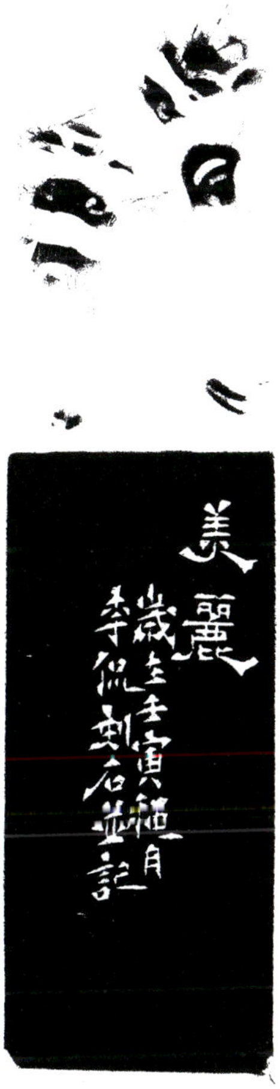
美麗
歲在壬寅臘月
李侃刻石並記

美丽◎李侃

白日放歌须纵酒◎李明亮

140

闻官军收河南河北

［唐］杜甫

剑外忽传收蓟北，初闻涕泪满衣裳。
却看妻子愁何在，漫卷诗书喜欲狂。
白日放歌须纵酒，青春作伴好还乡。
即从巴峡穿巫峡，便下襄阳向洛阳。

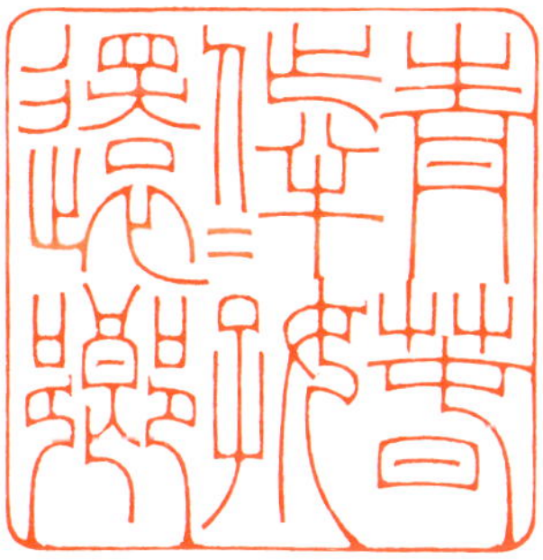

青春作伴好还乡◎李侃

141

青春作伴好还乡◎刘思彤

142

天净沙·秋思

［元］马致远

枯藤老树昏鸦，小桥流水人家，古道西风瘦马。
夕阳西下，断肠人在天涯。

马致远◎杨沆 143

夕阳西下◎毕博 144

古道西风瘦马◎孙建国 145

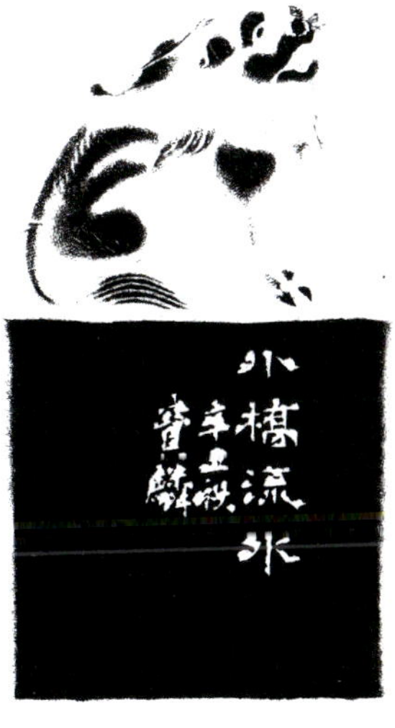

小桥流水◎冯宝麟

行路难（其一）

［唐］李白

金樽清酒斗十千，玉盘珍羞直万钱。
停杯投箸不能食，拔剑四顾心茫然。
欲渡黄河冰塞川，将登太行雪满山。
闲来垂钓碧溪上，忽复乘舟梦日边。
行路难，行路难，多歧路，今安在？
长风破浪会有时，直挂云帆济沧海。

金樽清酒斗十千◎肖忠意

147

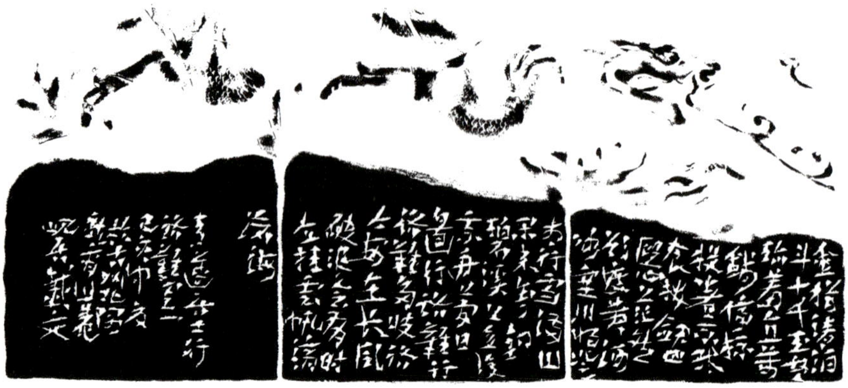

长风破浪会有时◎刘思彤

149

直挂云帆济沧海◎杨沆

150

一蓑烟雨任平生◎李明亮 151

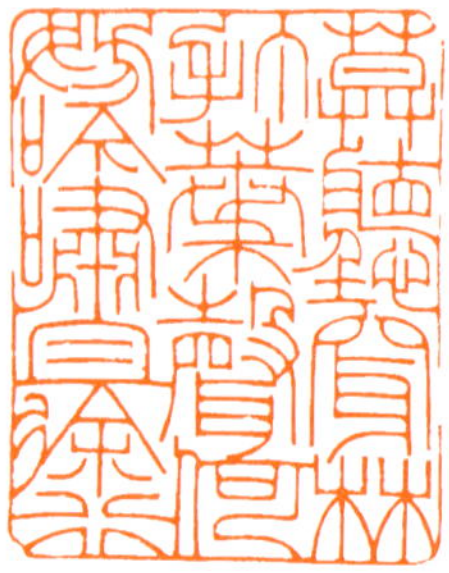

莫听穿林打叶声 何妨吟啸且徐行◎周铁 152

定风波·莫听穿林打叶声

[宋] 苏 轼

三月七日，沙湖道中遇雨。雨具先去，同行皆狼狈，余独不觉。已而遂晴，故作此词。

莫听穿林打叶声，何妨吟啸且徐行。竹杖芒鞋轻胜马，谁怕？一蓑烟雨任平生。
料峭春风吹酒醒，微冷，山头斜照却相迎。回首向来萧瑟处，归去，也无风雨也无晴。

一蓑烟雨任平生◎李侃

153

一蓑烟雨任平生◎冯宝麟

154

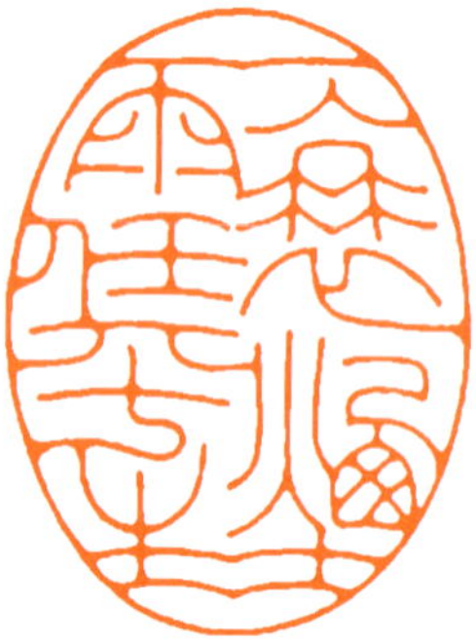

一蓑烟雨任平生◎冯宝麟

江城子·密州出猎

[宋]苏轼

老夫聊发少年狂，左牵黄，右擎苍，锦帽貂裘，千骑卷平冈。为报倾城随太守，亲射虎，看孙郎。

酒酣胸胆尚开张，鬓微霜，又何妨！持节云中，何日遣冯唐？会挽雕弓如满月，西北望，射天狼。

苏轼◎冯宝麟

157

西北望◎张诗宇

158

千骑卷平冈◎毕博

159

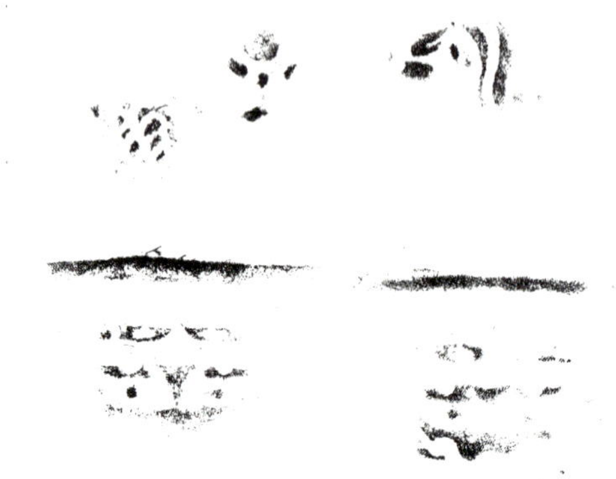

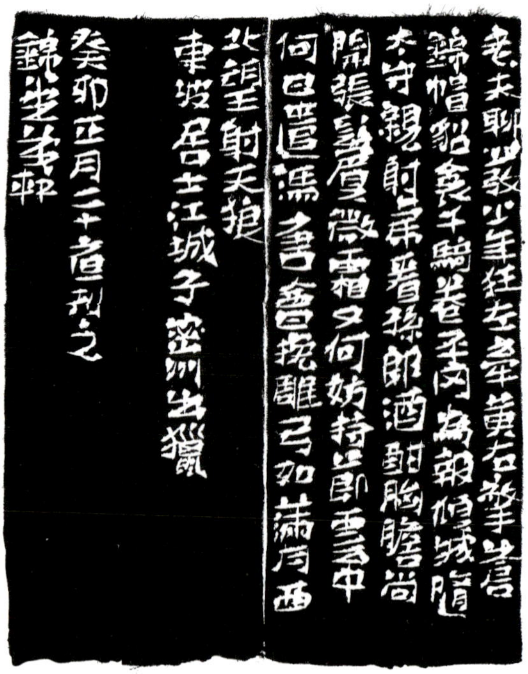
老夫聊發少年狂左牽黃右擎蒼
錦帽貂裘千騎卷平岡為報傾城隨
太守親射虎看孫郎酒酣胸膽尚
開張鬢微霜又何妨持節雲中
何日遣馮唐會挽雕弓如滿月西
北望射天狼
東坡居士江城子密州出獵
癸卯正月二十日刻之

西北望　射天狼◎唐茂轩

凉州词二首（其一）

［唐］王之涣

黄河远上白云间，一片孤城万仞山。
羌笛何须怨杨柳，春风不度玉门关。

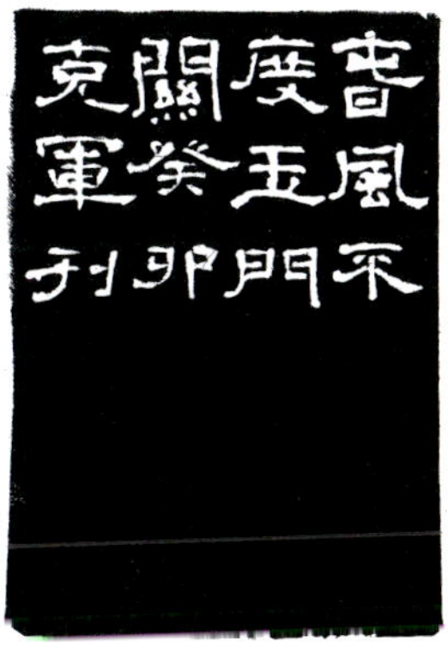

春风不度玉门关◎李克军

莫等闲◎吴英昌 162

三十功名尘与土◎冯宝麟 163

满江红·怒发冲冠

［宋］岳飞

怒发冲冠，凭栏处、潇潇雨歇。抬望眼、仰天长啸，壮怀激烈。三十功名尘与土，八千里路云和月。莫等闲、白了少年头，空悲切。

靖康耻，犹未雪。臣子恨，何时灭。驾长车，踏破贺兰山缺。壮志饥餐胡虏肉，笑谈渴饮匈奴血。待从头、收拾旧山河，朝天阙。

八千里路云和月◎戴文

164

南安军

［宋］文天祥

梅花南北路，风雨湿征衣。
出岭同谁出？归乡如此归！
山河千古在，城郭一时非。
饿死真吾志，梦中行采薇。

文天祥◎杨沆

165

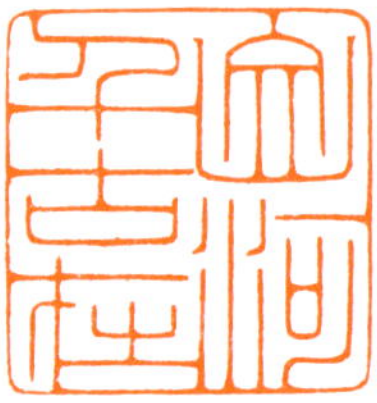

山河千古在◎宋德建

166

出塞

[唐] 王昌龄

秦时明月汉时关，万里长征人未还。
但使龙城飞将在，不教胡马度阴山。

王昌龄◎杨沆

168

秦时明月汉时关◎宋玉磊

167

黄沙百战穿金甲　不破楼兰终不还◎周铁　169

黄沙百战穿金甲◎毕博　170

从军行七首（其四）

［唐］王昌龄

青海长云暗雪山，孤城遥望玉门关。
黄沙百战穿金甲，不破楼兰终不还。

黄沙百战穿金甲◎江小雷

江山如此多娇◎李建隆 172

江山如此多娇◎宋玉磊 173

沁园春·雪

毛泽东

北国风光，千里冰封，万里雪飘。望长城内外，惟余莽莽；大河上下，顿失滔滔。山舞银蛇，原驰蜡象，欲与天公试比高。须晴日，看红装素裹，分外妖娆。

江山如此多娇，引无数英雄竞折腰。惜秦皇汉武，略输文采；唐宗宋祖，稍逊风骚。一代天骄，成吉思汗，只识弯弓射大雕。俱往矣，数风流人物，还看今朝。

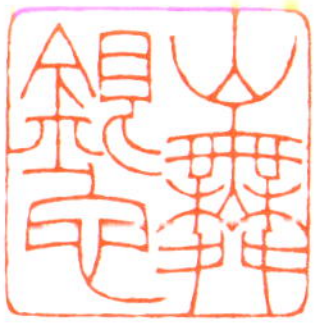
山舞銀蛇

北國風光千里冰封萬里雪飄
望長城內外惟餘莽莽大河上下頓
失滔滔山舞銀蛇原馳蠟象欲
與天公試比高須晴日看紅裝
素裹分外妖嬈江山如此多嬌
引無數英雄競折腰惜秦
皇漢武略輸文采唐宗宋
祖稍遜風騷一代天驕成吉思
汗祇識彎弓射大雕俱往
矣數風流人物還看今朝
右錄沁園春雪
壬寅潤盦刻并記

一二九

山舞银蛇◎常锦硕

大河上下◎冯宝麟

175

风流人物◎冯宝麟

数风流人物　还看今朝◎宋玉磊

天行健◎吴英昌

179

天行健，
君子以自强不息。
——《周易》

天行健　君子以自强不息◎李建隆

178

人有耻，
则能有所不为。
——《朱子语类》

有所不为◎吴英昌 182

仁智勇◎李建隆 181

胜人者有力，
自胜者强。
——《老子》

三军可夺帅也，
匹夫不可夺志也。
——《论语》

夺帅◎毕博 180

志于道◎宋玉磊 184

弘毅◎陈靖 185

大道之行也

——《礼记》

大道之行也，天下为公。选贤与能，讲信修睦。故人不独亲其亲，不独子其子，使老有所终，壮有所用，幼有所长，矜、寡、孤、独、废疾者皆有所养，男有分，女有归。货恶其弃于地也，不必藏于己；力恶其不出于身也，不必为己。是故谋闭而不兴，盗窃乱贼而不作，故外户而不闭，是谓大同。

克勤于邦◎毕博

古语集录

克勤于邦，克俭于家。——《尚书》

居安思危，戒奢以俭。——［唐］魏征

由俭入奢易，由奢入俭难。——［宋］司马光

一粥一饭，当思来处不易；半丝半缕，恒念物力维艰。——［明］朱用纯

富且贵◎吴英昌

187

《论语》摘录（一）

子曰：「君子喻于义，小人喻于利。」

子曰：「君子坦荡荡，小人长戚戚。」

子曰：「饭疏食饮水，曲肱而枕之，乐亦在其中矣。不义而富且贵，于我如浮云。」

子夏曰：「君子有三变：望之俨然，即之也温，听其言也厉。」

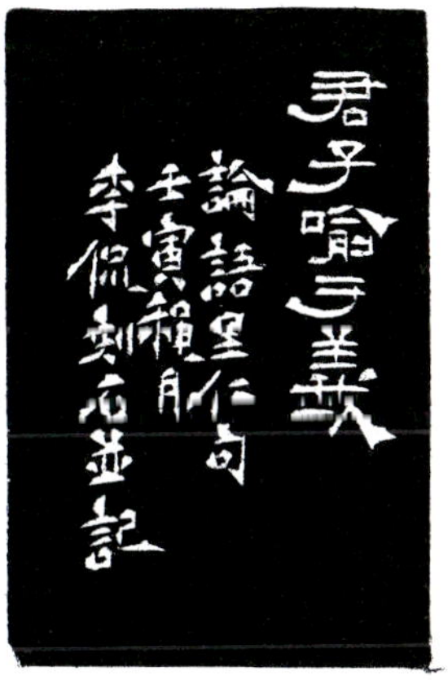

一三九

君子喻于义◎李侃

君子坦荡荡◎李侃

君子豹变◎吴英昌

豹变◎冯宝麟

191

君子喻于义◎毕博

192

不饱食以终日，
不弃功于寸阴。
——［晋］葛洪

不弃功于寸阴◎李建隆

193

子在川上曰：
『逝者如斯夫！不舍昼夜。』
——《论语》

一寸光阴一寸金◎陈靖

194

永久的生命（节选）

严文井

过去了的日子永不再回来。一个人到了三十岁的边头就会发现自己丢失了一些什么：一颗白齿，一段盲肠，一些头发，一点点和人开玩笑的兴味，这意味着他已经失去了那大半个青春。有限的岁月只能一度为你所有，它们既然离开，就永远不会再返回。智者对此也无能为力！……

人们却不应该为此感到悲观。我们没有时间悲观。我们应该看到生命自身的神奇，生命流动着，永远不朽。地面上的小草，它们是那样卑微，那样柔弱，每一个严寒的冬天过去后，它们依然一根根地从土壤里钻出来，欢乐地迎着春天的风，好像那刚刚过去的寒冷从未存在。一万年前是这样，一万年以后也是这样！……

感谢生命的奇迹，它分开来是暂时，合起来却是永久。它是一个不懂疲倦的旅客，总是只暂时在哪一个个个体内住一会儿，便又离开前去。那些个体消逝了，它却永远存在。它充满了希望，永不休止地繁殖着、蔓延着，随处宣示它的快乐和威势。

……让我们赞美生命，赞美那毁灭不掉的生命吧！我们将要以不声不响的爱情来赞美它。生命在那些终于要凋谢的花朵里永存，不断给世界以色彩，不断给世界以芬芳。凋谢和不朽混为一体，这就是奇迹。

白驹过隙◎陈珺瑶

195

白驹过隙◎杨沆

196

明日无穷老将至◎李明亮

197

长歌行

汉乐府

青青园中葵，朝露待日晞。
阳春布德泽，万物生光辉。
常恐秋节至，焜黄华叶衰。
百川东到海，何时复西归？
少壮不努力，老大徒伤悲。

汉乐府◎杨沆

198

万物生光辉◎常锦硕

199

万物生光辉◎路阳

200

百川东到海◎梁勇第

201

何时复西归◎毕博

202

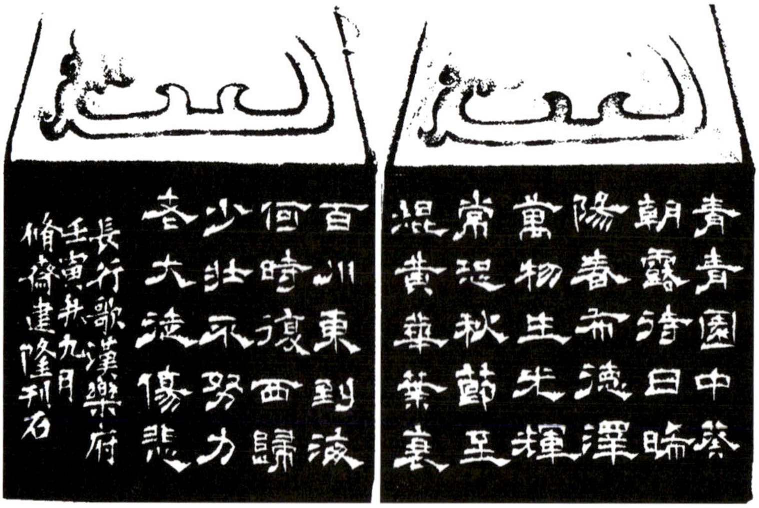

阳春布德泽 万物生光辉◎李建隆

盛年不重来，一日难再晨。
及时当勉励，岁月不待人。
——[晋]陶渊明

岁月不待人◎毕博

204

少年强则国强◎杨沆
205

少年中国说（节选）

梁启超

故今日之责任，不在他人，而全在我少年。少年智则国智，少年富则国富，少年强则国强，少年独立则国独立，少年自由则国自由，少年进步则国进步，少年胜于欧洲则国胜于欧洲，少年雄于地球则国雄于地球。

进步◎袁文甲

206

进步◎陈珺瑶

207

进步◎吴英昌

208

中国梦◎戴文 209

中国梦◎宋玉磊 210

彩色的梦

高洪波

我有一大把彩色的梦，
有的长，有的圆，有的硬。
他们躺在铅笔盒里聊天，
一打开，就在白纸上跳蹦。

脚尖滑过的地方，
大块的草坪，绿了；
大朵的野花，红了；
大片的天空，蓝了，
蓝——得——透——明！

在葱郁的森林里，
雪松们拉着手，
请小鸟留下歌声。
小屋的烟囱上，
结一个苹果般的太阳，
又大——又红！

我的彩色铅笔，
是大森林的精灵。
我的彩色梦境，
有水果香，有季节风，
还有紫葡萄的叮咛，
在溪水里流动……

中国梦◎李侃

激浊扬清◎杨沆

212

为人民服务（节选）

毛泽东

人总是要死的，但死的意义有不同。中国古时候有个文学家叫做司马迁的说过：『人固有一死，或重于泰山，或轻于鸿毛。』为人民利益而死，就比泰山还重；替法西斯卖力，替剥削人民和压迫人民的人去死，就比鸿毛还轻。张思德同志是为人民利益而死的，他的死是比泰山还要重的。

不忘初心◎宋玉磊

213

勇毅前行◎吴英昌

214

不惑◎李侃

215

《论语》摘录（二）

子曰：「学而时习之，不亦说乎？有朋自远方来，不亦乐乎？人不知而不愠，不亦君子乎？」

子曰：「温故而知新，可以为师矣。」

子曰：「学而不思则罔，思而不学则殆。」

子曰：「吾十有五而志于学，三十而立，四十而不惑，五十而知天命，六十而耳顺，七十而从心所欲，不逾矩。」

子曰：「三人行，必有我师焉；择其善者而从之，其不善者而改之。」

子夏曰：「博学而笃志，切问而近思，仁在其中矣。」

子曰：「知之者不如好之者，好之者不如乐之者。」

不惑◎吴英昌 216

不逾矩◎吴英昌 217

学习◎吴英昌

218

志于学◎孙建国

219

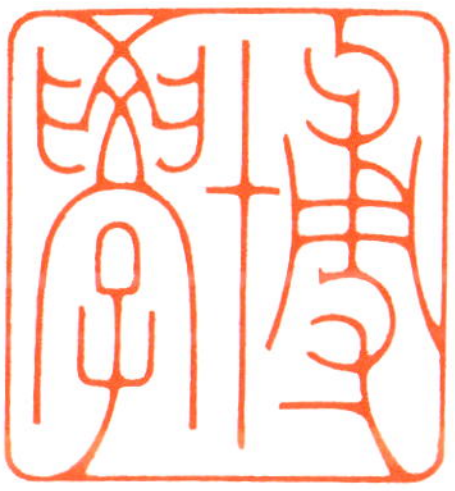

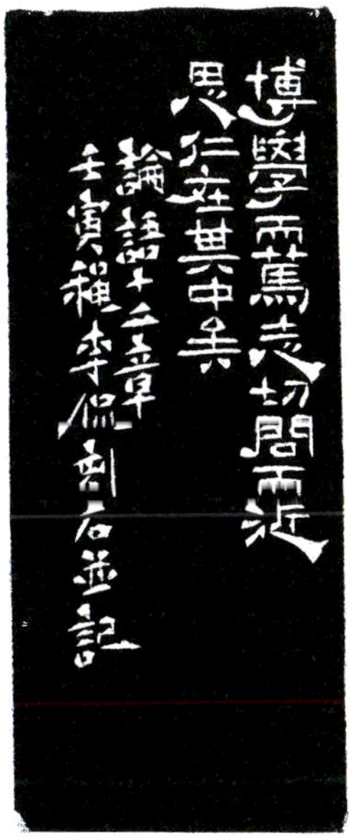

博学◎李侃

学如不及 犹恐失之◎李建隆

221

《论语》摘录（三）

知之为知之，不知为不知，是知也。

敏而好学，不耻下问。

默而识之，学而不厌，诲人不倦。

我非生而知之者，好古，敏以求之者也。

学如不及，犹恐失之。

吾尝终日不食，终夜不寝，以思，无益，不如学也。

222 敏于事◎陈靖

223 好古◎宋玉磊

224 敏于求◎杨沆

见贤思齐◎吴英昌

225

默而识之◎毕博

226

观书有感

[宋] 朱熹

其一

半亩方塘一鉴开，
天光云影共徘徊。
问渠那得清如许？
为有源头活水来。

其二

昨夜江边春水生，
蒙冲巨舰一毛轻。
向来枉费推移力，
此日中流自在行。

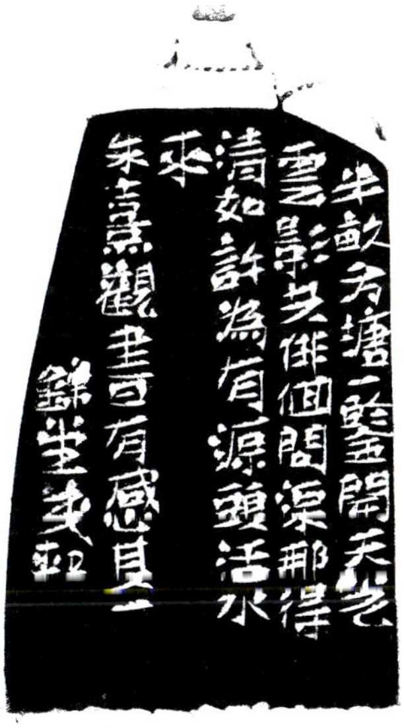

天光云影共徘徊◎唐茂轩

227

谈读书

［英国］弗朗西斯·培根

读书足以怡情，足以傅彩，足以长才。其怡情也，最见于独处幽居之时；其傅彩也，最见于高谈阔论之中；其长才也，最见处世判事之际。练达之士虽能分别处理细事或一一判别枝节，然纵观统筹，全局策划，则舍好学深思者莫属。读书费时过多易惰，文采藻饰太盛则矫，全凭条文断事乃学究故态。读书补天然之不足，经验又补读书之不足，盖天生才干犹如自然花草，读书然后知如何修剪移接；而书中所示，如不以经验范之，则又大而无当。狡黠者鄙读书，无知者羡读书，唯明智之士用读书，然书并不以用处告人，用书之智不在书中，而在书外，全凭观察得之。读书时不可存心诘难作者，不可尽信书上所言，亦不可只为寻章摘句，而应推敲细思。书有可浅尝者，有可吞食者，少数则须咀嚼消化。换言之，有只须读其部分者，有只须大体涉猎者，少数则须全读，读时须全神贯注，孜孜不倦。书亦可请人代读，取其所作摘要，但只限题材较次或价值不高者，否则书经提炼犹如水经蒸馏，味同嚼蜡矣。读书使人充实，讨论使人机智，作文使人准确。因此不常作文者须记忆特强，不常讨论者须天生聪颖，不常读书者须欺世有术，始能无知而显有知。读史使人明智，读诗使人灵秀，数学使人周密，科学使人深刻，伦理学使人庄重，逻辑修辞之学使人善辩：凡有所学，皆成性格。人之才智但有滞碍，无不可读适当之书使之顺畅，一如身体百病，皆可借相宜之运动除之。滚球利睾肾，射箭利胸肺，慢步利肠胃，骑术利头脑，诸如此类。如智力不集中，可令读数学，盖演题须全神贯注，稍有分散即须重演；如不能辨异，可令读经院哲学，盖是辈皆吹毛求疵之人；如不善求同，不善以一物阐证另一物，可令读律师之案卷。如此头脑中凡有缺陷，皆有特药可医。

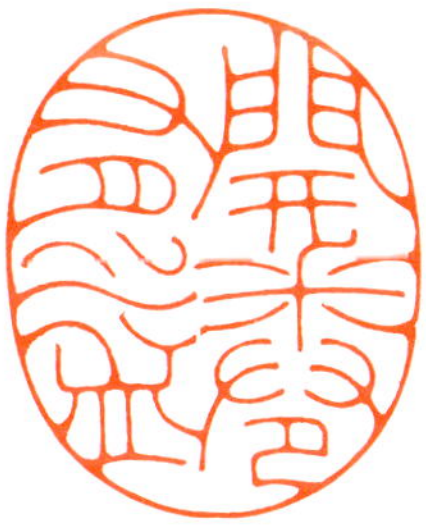

开卷有益◎冯宝麟

228

见闻◎杨沆

229

囊萤夜读◎杨沆

230

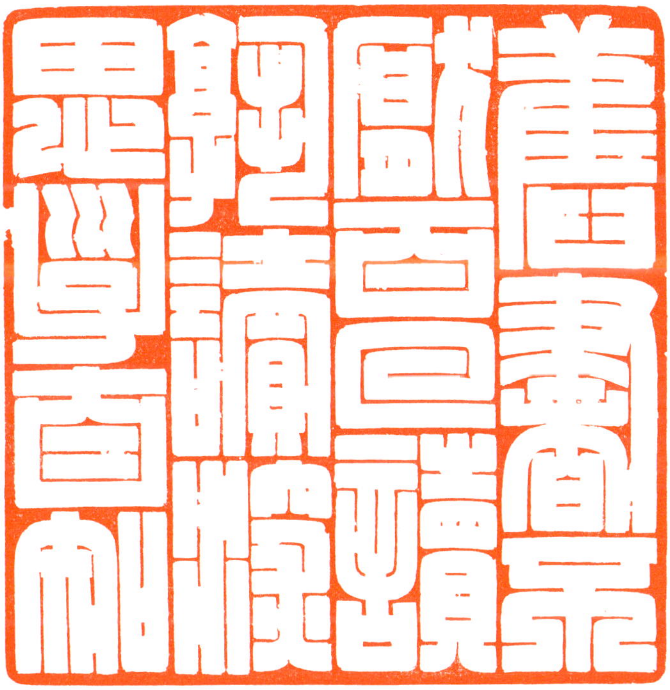

旧书不厌百回读　熟读深思子自知◎李建隆

231

送安惇秀才失解西归

［宋］苏轼

旧书不厌百回读，熟读深思子自知。
他年名宦恐不免，今日栖迟那可追。
我昔家居断还往，著书不复窥园葵。
朅来东游慕人爵，弃去旧学从儿嬉。
狂谋谬算百不遂，唯有霜鬓来如期。
故山松柏皆手种，行且拱矣归何时。
万事早知皆有命，十年浪走宁非痴。
与君未可较得失，临别唯有长嗟咨。

敬业与乐业（节选）

梁启超

我这题目，是把《礼记》里头『敬业乐群』和《老子》里头『安其居乐其业』那两句话，断章取义造出来的。我所说的是否与《礼记》《老子》原意相合，不必深求；但我确信『敬业乐业』四个字，是人类生活的不二法门。

……

第一要敬业。敬字为古圣贤教人做人最简易、直捷的法门，可惜被后来有些人说得太精微，倒变得不适实用了。唯有朱子解得最好，他说：『主一无适便是敬。』用现在的话讲，凡做一件事，便忠于一件事，将全副精力集中到这事上头，一点不旁骛，便是敬。业有什么可敬呢？为什么该敬呢？人类一面为生活而劳动，一面也是为劳动而生活……总之，人生在世，是要天天劳作的。劳作便是功德，不劳作便是罪恶。至于我该做哪一种劳作，全看我的才能何如，境地何如。因自己的才能、境地，做一种劳作做到圆满，便是天地间第一等人。

……

第二要乐业。……我老实告诉你一句话：『凡职业都是有趣味的，只要你肯继续做下去，趣味自然会发生。』为什么呢？第一，因为凡一件职业，总有许多层累、曲折，倘能身入其中，看它变化、进展的状态，最为亲切有味。第二，因为每一职业之成就，离不了奋斗；一步一步地奋斗前去，从刻苦中得快乐，快乐的分量加增。第三，职业性质，常常要和同业的人比较骈进，好像赛球一般，因竞胜而得快乐。第四，专心做一职业时，把许多游思、妄想杜绝了，省却无限闲烦闷。孔子说：『知之者不如好之者，好之者不如乐之者。』人生能从自己职业中领略出趣味，生活才有价值。孔子自述生平，说道：『其为人也，发愤忘食，乐以忘忧，不知老之将至云尔。』这种生活，真算得人类理想的生活了。

我生平最受用的有两句话：一是『责任心』，二是『趣味』。我自己常常力求这两句话之实现与调和，又常常把这两句话向我的朋友强聒不舍。今天所讲，敬业即是责任心，乐业即是趣味。我深信人类合理的生活应该如此，我望诸君和我一同受用！

吾将上下而求索◎陈靖

语文课里的篆学堂

潘善助题

主编 冯宝麟

副主编 刘思彤 陈珺瑶

第一季

【附赠篆书字帖】

书名题写：潘善助

艺术顾问：戴　文　陈　靖

主　　编：冯宝麟

副 主 编：刘思彤　陈珺瑶

编　　委：毕　博　路　阳　李明亮　杨　沆

张诗宇　蔡克非　梁勇第

【编写说明】

篆书是一种古老的文字，是华夏先民智慧的结晶，是中华文明的重要载体。篆字具有神圣、高古、玄秘之美，既有对自然物象之提炼萃取，也有对人文精神之表现传达。

广义的篆字是一个纷繁庞杂的文字体系，由甲骨文、金文、石鼓文到秦统一六国后的小篆，与华夏文明一路偕行。由于应用领域不同，铸造刻写的材质不同，所以同一个时代的篆字也呈现出不同的体式。先秦时代，各诸侯国都有自己的文字应用习惯，所以造成多体系文字并存又各有特色的情况。

“秦始皇帝初兼天下，丞相李斯乃奏同之，罢其不与秦文合者。斯作《仓颉篇》，中车府令赵高作《爰历篇》，皆取史籀大篆，或颇省改，所谓小篆者也。”（许慎《说文解字叙》）小篆是篆书家族里最规范、最系统的文字，以结体端严整饬、造型修美典雅著称，唐代的孙过庭在《书谱》一文中总结道：“篆尚婉而通”，这可以视作对篆书尤其是小篆书体审美特征的高度概括。

为了配合《语文课里的篆学堂》一书，受河北少年儿童出版社的委托，由我书写小篆500字，作为欣赏和研究篆刻作品的参照，因为篆字是篆刻最重要的构成元素，也是其最重要的塑造对象。当然，篆字是有独立审美价值的，所以这本小册子也可以作为独立的小篆范本来品鉴、欣赏。这些篆字的书写，在维护篆字结体经典范式的同时，强化了书写性的表现，可视作时代审美取向的一种体现。

因为篆字属于古文字，与当代的应用文字迥然有别，为了帮助篆书爱好者、初学者更好地理解古人造字之规律和古今文字的演化变异之线索，由中国艺术研究院的硕士研究生刘思彤为每个篆字做了简明扼要的注解。其中有一部分《说文》中未收录的后起字，为了符合当代应用的需要，也收入并作了相应的说明。

因为本书主要是服务于艺术欣赏，服务于初学者领会篆字之美，所以对一些有着多种结构方式的字，又在大字的左侧以小字标出不同的写法，以供参考。

真心希望这本小册子能够为读者理解先民造字的“六书原则”、领略篆书的独特魅力起到一个引路的作用。也希望有更多的人喜欢上传统艺术，薪火相传，使之发扬光大！

癸卯闰二月冯宝麟记于婉通精舍之灯光下

天（天） 象形字。形似突出头部的人形，表示人的头顶，本义即为头顶，引申为高空、天气、天象等意。

地（地） 形声字。从“土”，“也”声，本义是与“天”相对的大地，引申为疆土、地方等意。

人（人） 象形字。像侧立的人形，指由人猿进化而来的会制造和使用工具的文明人类。

你（你） 形声字。从“人”，“尔”声，第二人称代词，指谈话的对方。

我（我） 象形字。甲骨文中形似有齿的斧钺之形，本义为锯类工具，假借用于第一人称代词。

晓（曉） 形声字。从“日”，“尧”声，表天明、知道、懂得之意。

一（一） 指事字。原始记数符号，用一横来表示数字一，是最小的整数。

二（二） 指事字。原始记数符号，本义为数字二，用两个横画来表示。

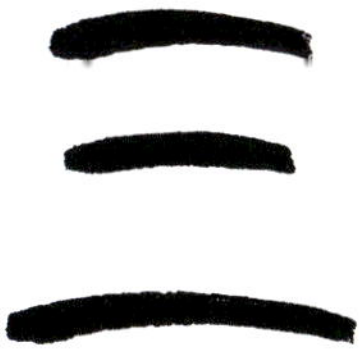

三（三） 指事字。原始记数符号，本义为数词，也表示序列，用三个横画来表示。

四（四） 指事字。原始记数符号，甲骨文中用四个横画来表示数字“四”，后借用“泗”的本字表示数字“四”，其本义为喘息、流涕。

五（五） 指事字。甲骨文中本用五横来表示“五”字，是“五”的本字，后借用上下各一横画，中间交错之形表示数字“五”，其本义为纵横交错。

上（上） 指事字。甲骨文中形似短横在长横之上，表示在其上之意，本义指方位，与“下”相对。

下（下） 指事字。甲骨文中作短横在长横之下，表示在下方之意，本义指方位，与“上”相对。

口（口） 象形字。形似张口的人的嘴巴之形，本义为人嘴，引申指人口、出入的通道、关卡等。

耳（耳） 象形字。甲骨文中形似人耳，本义为耳朵，引申为形状似耳朵的，如木耳、银耳。

目（目） 象形字。甲骨文中形似突出瞳孔的眼睛之形，本义为眼睛。

手（手） 象形字。像五指伸开的手掌形，本义为手掌，后多用于偏旁，表示与手有关的动作。

足（足） 象形字。甲骨文中形似下肢之形，小篆从“口”，从“止”，本义为膝盖及以下部分，现多指脚踝以下部分。

站（站）《说文》中未收录“站”字，是“立”的加旁分化字，本义双脚着地，身体直立不动。

坐（坐）会意字。像两人对坐于土上之形，本义为人的止息方式之一。

日（日）象形字。初文像太阳之形，由于甲骨文锲刻不便，变圆为方，本义为太阳。

月（月）象形字。初文形似半月，状月之形。现在也作为计时单位。

水（水）象形字。像水蜿蜒流动之形，本义为河流。

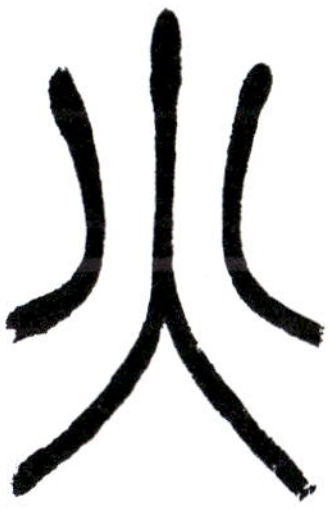

火（火）象形字。像物体燃烧时发出的光焰之形，本义为火、火焰。

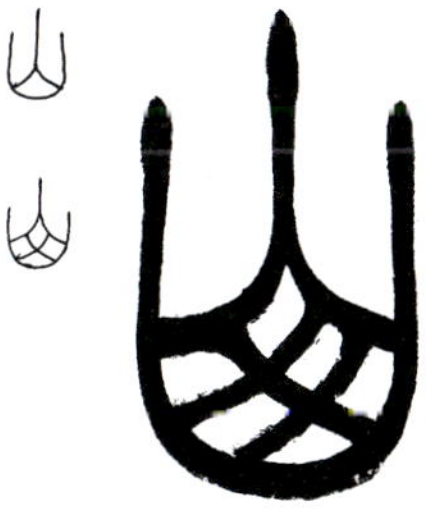

山（山）象形字。像众山耸立之形，本义为山峰，地面上由土石构成的巨大而高耸的部分。

石（石）象形字。像山石之形，本义为构成地壳的坚硬矿物质，即岩石。

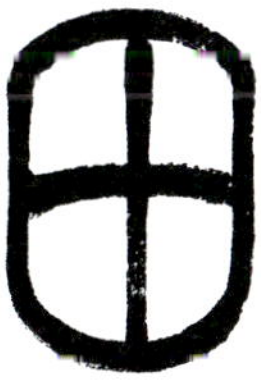

田（田）象形字。形似井田，本义为耕种的土地。

禾（禾） 象形字。像谷穗下垂之形，本义为谷子。

对（對） 甲骨文、金文中常见，像以手把持某物，多用于表示正确、肯定之意。

云（雲） 象形字。甲骨文、金文中形似云朵，后加形符“雨”作“雲”，本义为云彩。

雨（雨） 象形字。古文字中横画表示天，竖画表示雨滴，形似天上落雨形，本义为下雨。

风（風） 从“虫”，“凡”声，本是象形字，与“凤”同源，后“风”与“凤”各有分工，“风”表示空气流动的现象。

花（花） 象形字。本作“華”，本义为花朵，也用来形容像花一样美好的东西。

鸟（鳥） 象形字。甲骨文中形似鸟形，本义为飞禽。

虫（蟲） 会意字。从三虫，本义为动物的总称，现专指昆虫。

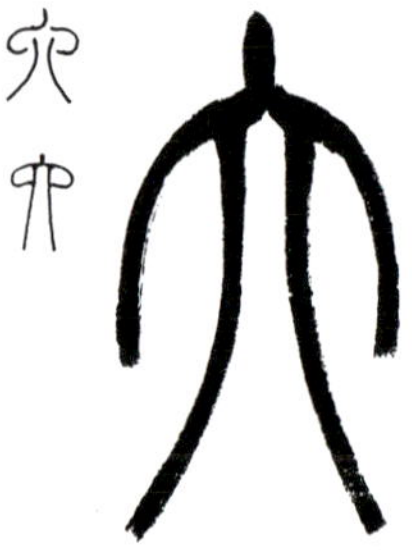

六（六） 象形字。像简陋的房屋之形，本义为草庐，后用作数词。

七（七）指事字。在竖中间加一横划，表示从中切断之意，是“切”的本字，后借用作数词。

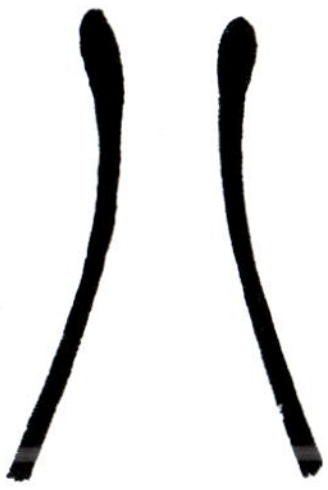

八（八）指事字。甲骨文为两画相背之态，表示分别之意，本义为分开，现用于计数。

九（九）象形字。像人的臂弯之形，是“肘”的本字，现用于表示数字九。

十（十）指事字。最初“十”字是一竖笔，金文中竖笔中部加粗，本义为数字十。

爸（爸）《说文》中未收录，是“父”的加旁分化字，本义是父亲，篆书字形为上“父”下“巴”组合而成。

妈（媽）《说文》中未收录，是“母”字的口语变音后起字，本义为母亲，篆书字形为左“女”右“马”组合而成。

马（馬）象形字。甲骨文、金文中形似马。

土（土）象形字。甲骨文形似土堆，本义为土壤，引申为土地、疆土、本土之意。

不（不）象形字。甲骨文形似朝下的花萼之柎，是“柎”的本字，现用于表示否定、禁止。

画（畫） 会意字。甲骨文中从“聿”，“聿”下是画出的图形，“聿”表示手执笔，本义为绘出图形。

打（打） 形声字。从“手”，“丁”声，本义为敲打、撞击，引申为殴打、攻击之意。

棋（棋） 形声字。从“木”，“其”声，指文娱项目的一类。

鸡（鷄） 形声字。从“隹”，“奚”声，本义为家禽鸡类。

字（字） 会意字。从“子”，从“宀”，“宀”表示房屋，在房屋里生养孩子之意，本义为生育，现多用于文字之意。

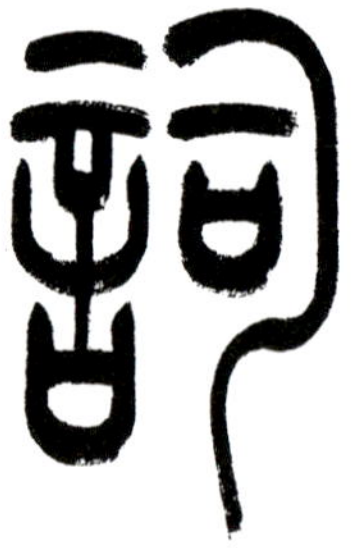

词（詞） 形声字。从“言”，“司”声，是指包含一定词义的文字或文字组合。

语（語） 形声字。从“言”，“吾”声，为与人交谈、谈论时所说的话。

句（句） 形声字。从“勹”，“口”声，本义为曲折，后用“勾”来表示该意，“句”表示由词组成的能表示出一个完整意思的话。

子（子） 象形字。甲骨文中形似突出有头发头颅和两胫的胎儿，本义为婴儿。

桌（桌）《说文》中未收录“桌”字，为后起字，本义为可以放置东西的日用家具。

纸（紙）形声字。从“糸”，“氏”声，表示用植物纤维制成的薄片用于书写、包装。

文（文）象形字。甲骨文形似人胸部刺有花纹，本义为纹身，是“纹”的本字，引申为文章、文化之意。

数（數）形声字。从“攴”，“娄”声，“攴”表示治事，表示划分或计算出来的量。

学（學）会意字。从“廾”，从“宀”，“廾”表示双手，“宀”表示房屋，会在房屋内学习之意，后为突出学习的对象是儿童，加“子”旁。

音（音）从言含一，与“言”字同源，本义为音乐，即通过乐声表达感情的艺术。

乐（樂）会意字。乐器之弦附于木上，本义指音乐、乐器，后引申为喜好。

妹（妹）形声字。从“女”，“未”声，本义为妹妹，即年龄比自己小的同辈分女子。

龙（龍）象形字。甲骨文中的“龙”象形特征明显。龙是古代神话传说中的神奇动物，为“四灵”之一。是封建时代皇帝的象征，其形象也常作为装饰图案。

闹（鬧） 会意字。从“市”，从“斗”，会闹市中争斗之意，本义为声音大而嘈杂。

草（草） 象形字。如草成长之状，后泛指草本植物。

家（家） 会意兼形声字。从“宀”，“宀”为棚屋之意，“宀”下为“豕”，本义为屋内、住所，引申指学术流派，如道家、儒家。

是（是） 会意字。从“日”，从“正”，日中端正之意，本义是端正，现为肯定之意。

车（車） 象形字。甲骨文形似具有车轮、车厢的车型，现指交通运输工具。

路（路） 形声字。从“足”，“各”声，本义为道路，引申为经过、规律、道理之意。

灯（燈） 形声字。从“金”，“登”声，俗写作从“火”之“燈”，本义为古代照明所用的燃油器具。

走（走） 象形字。形似人跑时摇臂之形，本义为奔跑，现多指行走。

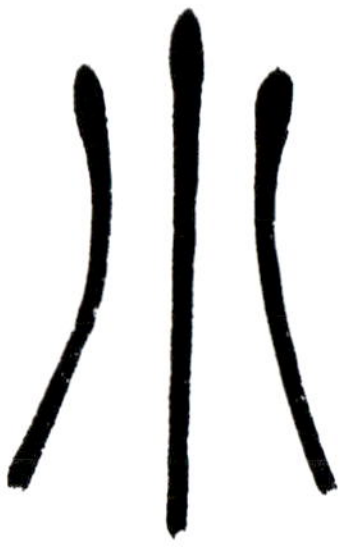

小（小） 象形字。形似细碎的尘沙，与“大”相对，指面积、体积、数量、力量等不及一般。

桥（橋） 形声字。从“木”，“乔”声，本义为架在水上供通行的建筑物。

台（臺） 形声字。从“至”，从“之”，从“高”，本义为土筑而成的四方形高建筑物，现指高平的建筑物。

雪（雪） 形声字。从“雨”，“彗”声，本义为冬季气温低，水蒸气凝结而成的白色结晶体，引申比喻洁白的东西。

儿（兒） 象形字。像小儿张口哭笑，本义为幼儿，男为儿，女为婴，后孩童都称为儿。

秋（秋） 甲骨文中形似蟋蟀振翅，秋天蟋蟀鸣叫，借以表示庄稼成熟。

气（氣） 象形字。甲骨文中像云层的形状，现指没有一定形状、体积的物体。

了（了） 象形字。本义为小儿无臂，引申为结束、完毕。

树（樹） 形声字。从“木”，“尌”声，甲骨文中形似以手植树之态，后“又”讹为“寸”，现为木本植物的通称。

叶（葉） 形声字。从“艸”，“枼”声，本义为植物的叶子。

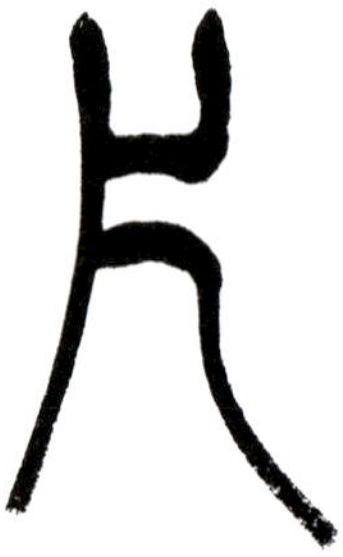

片（片） 指事字。像木的右半之形，表示把木分成两半之意，后指薄的片状物。

大（大） 象形字。像正面站立的人形，本义指大人，后引申用于年龄、体积、容量、规模等方面之大。

飞（飛） 象形字。像鸟类展开翅膀飞翔之态，本义为飞翔，后用于形容速度快。

会（會） 会意字。甲骨文中形似粮仓中储有谷物之状，本义为储存谷物的粮仓，此义引申为聚合，亦表示能、善于等意。

热（熱） 形声字。从“火”，“埶”声，“埶”是“热”的本字，形似人跪坐手执火把，本义为温度高。

的（的） 形声字。从“日”，“勺”声，本作“旳”，后改为从白作“的”，本义为明亮，现用作助词。

船（船） 形声字。从“舟”，“铅”省声，本义为水上交通运输工具。

两（兩） 会意字。像两个相同的物体相并，本义为成双的两个物体。

头（頭） 形声字。从“页”，“豆”声，本义为脑袋，后引申为首领、起点等意。

在（在） 形声字。从“土”，“才”声，本义是存在。

里（裏） 形声字。从“衣”，“里”声，本义为衣服的内层，引申用于表示内部。

脚（脚） 会意兼形声字。本义是胫、小腿之意，从“肉”，“却”声。

见（見） 象形字。从“儿”，从“目”，突出人的目之形，本义为看到。

闪（閃） 会意字。从“人”，从“门”，会人从门中向外张望之意，引申为光亮耀眼、突然出现等意。

星（星） 形声字。从“晶”，“生”声，本义为星星，后引申指细小、零碎的事物。

江（江） 形声字。从“水”，“工”声，古时专指长江，现用来泛指江流。

南（南） 象形字。甲骨文中形似一种瓦制敲击乐器，现多用于表示方向。

可（可） 形声字。从“口”，“丁”声，本义是为劳动助唱歌咏。引申为允许、能够、值得、适合之意。

采（采） 会意字。从“爪”，从“木”，会采摘树叶之意，本义为摘取。

莲（蓮） 形声字。从“艸”，“连”声，本义为荷的种子。

鱼（魚） 象形字。像鱼之形，本义是生活在水中的一种脊椎动物。

东（東） 假借字。甲骨文中形似两头用绳索扎住的口袋，是“束”的初文，本义是日出的方向。

西（西） 象形字。形似鸟巢，表示鸟在巢上，日在西方而鸟栖，此意后用“棲”来表示，“西”用来表示方向。

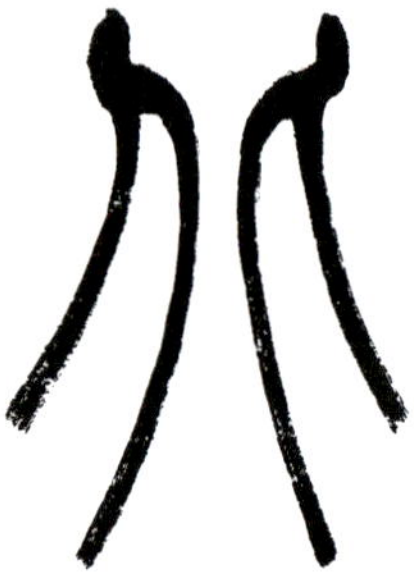

北（北） 会意字。两人相背而立，会背离之意。是“背”的本字，现专门表示方向。

铃（鈴） 形声字。从“金”，“令”声，本义为铃铛，一种金属制成的小型响器。

说（説） 会意兼形声字。从“言”，从“兑”，“兑”亦表声，本义为喜悦，此意后用“悦”替代，“说”表示向他人陈述之意。

春（春） 形声字。从“日”，“屯”声，本义为一年四季中的第一季。

青（青） 从“生”，从“丹”，本义是植物叶子一样的绿色，后引申指人的青年时期。

蛙（蛙） 形声字。从“黽”，“圭”声，本义为两栖动物的一科。

夏（夏） 象形字。甲骨文中形似手持斧钺的威武勇士，本义为夏族、华夏之意，后引申用于表示季节的夏天。

弯（彎） 形声字。从“弓”，“䜌”声，本义为拉开弓，现指屈曲不直之意。

皮（皮） 象形字。甲骨文形似手剥兽皮之态，本义为剥取兽皮，是“剥”的初文，现指动植物体表的一层组织。

之（之） 会意字。甲骨文从“一”，从“止”，“止”表示足形，为会人足从这里出发之意，本义为前往。

男（男） 会意字。从“田”，从“力”，会男子用力于田之意，本义为男子。

女（女） 象形字。甲骨文中像女子双手于胸前交叉、屈膝跪坐之态，本义为女子。

开（開） 会意字。会双手拉动门闩开门之意，本义为开门，后引申为起始、开端之意。

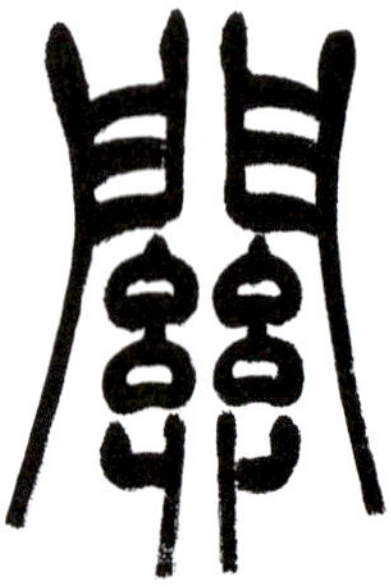

关（關） 会意字。会门内有门闩，表示门关闭之意，本义为门闩，后引申为关卡、城关之意。

正（正） 会意字。甲骨文中从“止”，从“口”，“口”表示城邑，会征伐城邑之意，本义为征伐，现用于表示不倾斜，与“歪”相对。

反（反） 会意字。本义是翻转，引申为返回、颠倒之意。

远（遠） 形声字。从“辵”，“袁”声，本义是距离长，引申为时间久远。

有（有） 会意字。“有”和“又”同源，表示持有之意，引申为占有、具有之意。

色（色） 会意字。从“人”，从“卩”，本义为怒色，生气时的面部表情。

近（近） 形声字。从“辵”，“斤”声，本义为空间距离短，后引申为关系密切之意。

听（聽） 会意字。从“耳”，表示用耳朵接受声音之意。

无（無） 象形字。形似人手持舞具舞蹈之形。是“舞”的初文，本义是舞蹈，现今表示没有之意。

声（聲） 会意字。会叩击磬发出响声之意，本义为乐音，从“耳”，“殸”声。

去（去） 会意字。会人从穴口中离开之意，本义为离开，从“大”，从“凵”，“大”表示人，“凵”表示洞穴。

还（還） 形声字。从“辵”，“睘”声，本义为返还，现指回到原处或恢复原状。

来（來） 象形字。由彼至此之意。甲骨文像麦穗之形，本义为麦穗，此意后用“麦”来表示。

多（多） 会意字。两块“肉”叠放，表示数量多之意。

少（少） 象形字。甲骨文中形似细小的沙粒，本义为细沙，后引申为不多之意。

黄（黄） 会意字。甲骨文中形似人胸前佩戴玉之形，本义是一种半圆形的佩玉，现指颜色中的一种。

牛（牛） 象形字。形似牛的头部，本义头上有角，能耕田拉车的哺乳动物。

只（隻） 会意字。从“又”，从“隹”，“隹”表示禽鸟，“又”表示手，会手擒鸟之意，本义为捕获，后用于量词。

猫（貓） 形声字。从“豸”，“苗”声，本义为一种善于捕鼠的家养哺乳动物，后引申为躲藏等意。

边（邊） 形声字。从“辵”，本义为走近山崖的外沿。现意指事物的外沿。

鸭（鴨） 形声字。从“鸟”，“甲”声，鸟类的一种，有些已被驯化为家禽。《说文》中未收录，为新附字。

苹（蘋） 本义为浮萍，从“艸”，“频”声，后来也作苹果之意。

果（果） 象形字。甲骨文中形似树上结有果实，本义为植物的果实，后引申为结局、确实之意。

杏（杏） 果树名，从“木”，现多指杏树的果实。

桃（桃） 形声字。从“木”，“兆”声，本义为桃树，现多指桃树的果实。

翰（翰） 形声字。从“羽”，“倝”声，本义为羽毛扬起的天鸡，现指文字、书信、笔墨作品等。

包（包） 会意字。从“巳”，“巳”表示未出生的婴儿，会包裹之意。

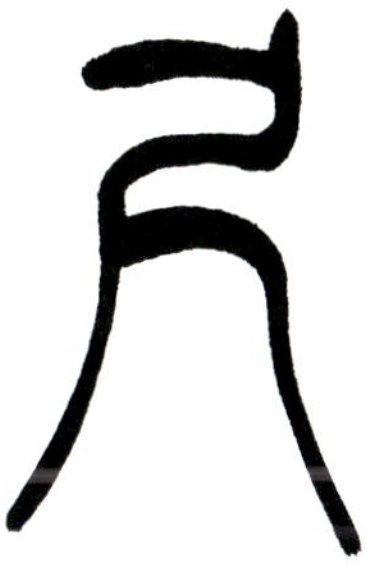

尺（尺）从“尸”，从“乙”，本义为尺子，是测量长度的工具。

作（作）会意字。“作”的本字是“乍”，表占卜之意，后加人旁作“作”，表制造、发作之意。

业（業）象形字。本义为古时乐器架子横木上的大版，甲骨文形似两人双臂举起，作手托大版状。后引申为学业、行业等意。

本（本）从“木”，从“一”，树木的根部加粗，突出根部，本义为树根。引申为事物的根源，与“末”相对。

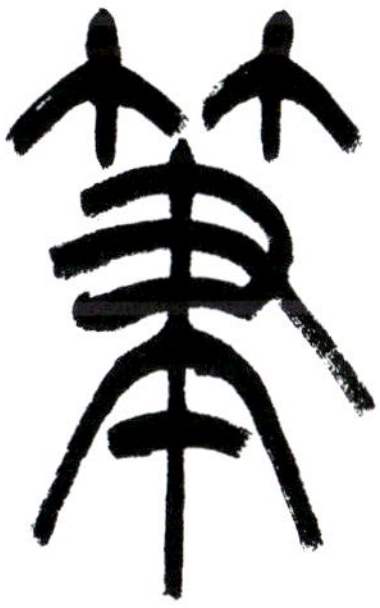

笔（筆）会意字。从“竹”，从“聿”，原指竹子做成的书写工具。

刀（刀）象形字。甲骨文中形似刀具之形，本义即为一种兵器。

课（課）形声字。从“言”，“果”声，本义为考核、考验，引申为功课、课程之意。

早（早）篆书从“日”，从“甲”，本义是早晨，引申为时间靠前等意。

校（校）形声字。从“木”，“交”声，本义为古代套在犯人脖子上的刑具，引申为校订、比较之意。也指专门进行教育的机构，如学校、武校。

明（明） 会意字。左侧为“囧”，光明、明亮之意。楷书从“日”，从“月”，日月为明，本义为光线充足。

力（力） 象形字。甲骨文形似农耕用的耒，本义为耕地的农具，引申为力量、权势。

尘（塵） 会意字。从“麤”，从“土”，会群鹿奔腾扬起尘土之意，本义为细小的灰土。

从（從） 会意字。甲骨文从前后二人，会跟随之意，金文加“辵”，突出跟随，本义为二人相随而行。

众（衆） 会意字。甲骨文从日下三人，指日光下的很多人，本义为许多。

双（雙） 会意字。会手持二鸟之意，本义为禽鸟两只。引申为加倍的、偶数等意。

木（木） 象形字。甲骨文形似上面生枝，下面生根的树，本义是树。

林（林） 会意字。从二木，本义为树木、竹子，引申为林业之意。

森（森） 会意字。从三木，像生长茂密的树木，引申为肃穆的意思。

条（條）形声字。从“木”，“攸”声，本义是树的枝条，引申为条理、凭条之意。

心（心）象形字。甲骨文似心形，本义即为心脏，引申为内心、心思、心性之意。

升（昇）象形字。甲骨文从“斗”，“斗”字多一点，点表示用斗盛起了酒，表示进献之意，后引申用于度量单位。假借为升起之升，后此意之升又加“日”字头。

国（國）形声字。从“囗”，“或”声，本字是“或”，后加“囗”，突出范围之意，本义是邦国。

旗（旗）形声字。从“㫃”，“其”声，本义是古代行军中用于指挥的一种旗帜。现泛指用布、帛等材料制作的标识。

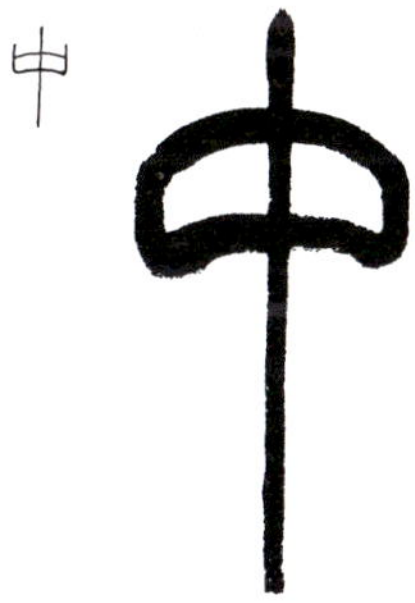

中（中）象形字。甲骨文中形似旗帜，本义为氏族社会的徽帜，现指在一定范围内到四周或两端相同距离的位置。

红（紅）形声字。从“糸”，“工”声，本义是浅赤色的帛，即桃红色，现指像鲜血一样的颜色。

歌（歌）形声字。从“欠”，“哥”声，古时也作“謌”字，指有节拍地咏唱。

起（起）形声字。从“走”，“巳”声，本义是由躺到坐，由坐到立的动作，引申为兴起、动身之意。

踢（踢） 形声字。从“足”，“易”声，本义为用脚击物。

美（美） 会意字。从“羊”，从“大”，肥壮的羊吃起来味道鲜美，本义为味美，现指形貌好看、漂亮。

丽（麗） 象形字。形似鹿的头上有两对称物，本义为成对，引申为并列、成群、结伴之意，现为美好、漂亮等意。

立（立） 指事字。从“大”，从“一”，形似人站立在地上，表示站立不动。

午（午） 象形字。甲骨文形似杵形，本义即为杵，后被假借表示纪年的地支。

晚（晚） 形声字。从“日”，“免”声，本义为夜晚，后引申为末期、延迟等意。

昨（昨） 形声字。从“日”，“乍”声，本义为刚过去的一天，后泛指过去。

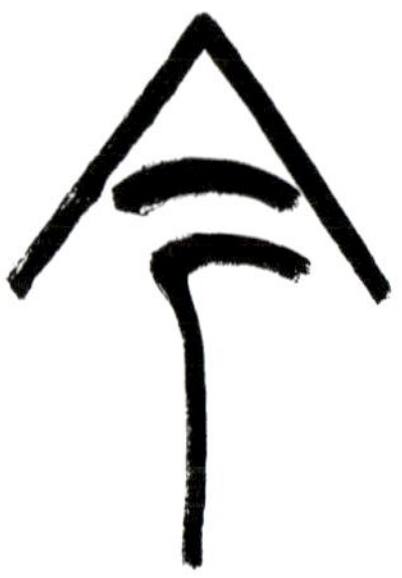

今（今） 会意字。甲骨文形似张口向下伸舌之状，本义是饮，其本义逐渐消失，现用来表示现在、当下之意。

年（年） 会意字。甲骨文中形似人背禾，会谷物成熟、丰收之意，现为时间单位，地球环绕太阳一周所需的时间。

影（影）《说文》中未收录“影”字，是“景”的分化字，指物体挡住光线时形成的无光形象，亦指不真切的形象，篆书字形同“景”。

前（前）会意字。从“止”，从“舟”，像人足在舟前，会前进之意，现指空间时间上的顺序，与“后”相对。

后（後）会意字。从“彳”，与行走相关，本义为行走迟后，现指空间在背面、反面的，亦指时间上较晚的。

黑（黑）会意字。会火焰升腾从烟囱出烟之意，本义为烟熏之色，引申为黑暗、隐秘等意。

狗（狗）形声字。从“犬”，“句”声，擅于守门户的一种哺乳动物。

左（左）会意字。本义为帮助、辅佐，是“佐”的古字。现指方向，与“右”相对，引申为激进、偏颇等意。

右（右）会意字。从“又”，从“口”，本义为求神保佑，现指方向，面向南时，西的一边。

它（它）象形字。形似蛇形，本义是蛇，后来此意加“虫”，用“蛇”表示。现为别的、另外之意。

好（好）会意字。从“女”，从“子”，本义为女子貌美，引申为美、善之意。

朋（朋） 象形字。《说文》中未收录“朋”字，借用“凤”字，甲骨文形似两串贝连在一起，现指彼此友好的人。

友（友） 会意字。甲骨文中形似两人两手相交，表示友好。本义为合作互助，后泛指情投意合的朋友。

比（比） 会意字。从二“匕”，甲骨文形似步调一致、前后并靠而行的两人，本义是靠近、并列之意，现指较量高低、长短、远近等。

尾（尾） 会意字。从“尸”，从“毛”，人臀后有毛状物，本义为古人装在臀后的尾巴，引申为末端等意。

巴（巴） 象形字。像张着大嘴的蛇，本义是蛇，引申为尾巴、攀附等意。

谁（誰） 形声字。从“言”，“隹”声，疑问人称代词。

拍（拍） “拍”的本字是“拍”，形声字，从“手”，“百”声，本义为用手掌轻击。

短（短） 形声字。从“矢”，“豆”声。与“长”相对，指距离近或长度小，引申为缺点、不足之意。

把（把） 形声字。从“手”，“巴”声，本义是握持，引申为把守、控制之意。

伞（傘） “伞”是“繖”的俗字，从“糸”，“散”声，本义是指古代挡雨遮阳的篷，篆书字形从“繖”。

兔（兔） 象形字。甲骨文中形似蹲着的兔子，表示耳长尾短的哺乳动物，俗称兔子。

最（最） 从“冃”，从“取”，表示“极，无比”之意。

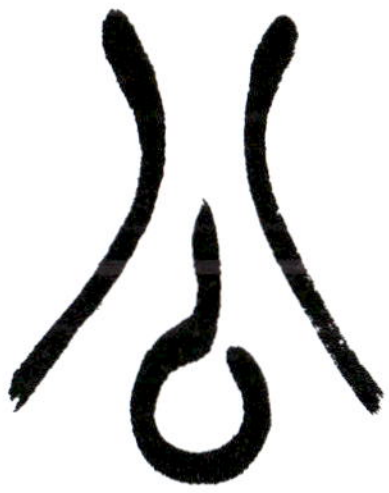

公（公） 会意字。从“厶”，从“八”，本义是平分，也是对王朝大臣的尊称，现指正直无私、共同等意。

写（寫） 形声字。从“宀”，“舄”声。本义是放置，现指用笔作字，描摹、书写之意。

诗（詩） 形声字。从“言”，“寺”声，为文学中的一种体裁，多抒情言志，富有韵律美。

点（點） 形声字。从“黑”，“占”声，本义为斑点，现表示细小的斑痕或物体。

要（要） 象形字。“要”是“腰”的本字，形似两手叉腰之形，突出腰部，后分化出“腰”字表此意，“要”表示索取、请求等意。

过（過） 形声字。从“辵”，“咼”声，本义为边走边度量，现表示度过、过分等意。

给（給） 形声字。从“糸”，“合”声，本义为丰足、富裕。引申为供给、给予等意。

当（當） 形声字。从“田”，“尚”声，本义为两块田相当、相等，现表示担任、承受、应当之意。

串（串） 象形字。形似以绳穿物，本义为把相关事物连贯起来成为整体。

们（們） 《说文》中未收录“们”，“们”是后起字，篆书字形左人右门，用于词尾，表示人或物的复数。

以（以） 象形字。甲骨文中“以”形似人提物状，本义为使用，现为用、拿、把、将等意。

成（成） 会意字。甲骨文中“成”字形似以斧劈物之状，表示订立盟约，现表示做好、做完之意。

善（善） 会意字。从“誩”，从“羊”，吉祥美好之意，引申为品质好、心地仁爱。

彩（彩） 形声字。从“彡”，“采”声，表示颜色丰富。

半（半） 会意字。从“牛”，从“八”，表示分解牛体，现指二分之一。

空（空） 形声字。从“穴”，“工”声，本义为孔洞，引申为空虚、穷尽等意。

问（問） 形声字。从“口”，“门”声。本义是询问，引申为慰问、打听、访问等意。

到（到） 形声字。从“至”，“刀”声。本义是到达，引申为周到、达到等意。

方（方） 象形字。甲骨文金文中“方”字形似农耕所用耒具，此意用“枋”替代。“方”字多指方形、方位。

没（没） 从“水”，从“殳”，本义为手入水中有所取，引申为淹没、消失、终尽之意。又与“无”相同。

更（更） 形声字。从“攴”，“丙”声，古时是表时间的单位，现多用于副词，表示更加之意。

绿（绿） 形声字。从“糸”，“彔”声，本义为一种草本植物，后引申为绿色。

出（出） 会意字。从“止”，走出去之意，表示从里面到外面。

韵（韵） 形声字。从“音”，“匀”声。表示和谐的声音，也指人或者事物的风度、内在情致。

睡（睡） 形声字。从“目”，“垂”声，本义为坐着打盹，现指闭目休息。

那（那） 形声字。从“邑”，“冄”声，本义是西夷国名，现指较远的人或事物。

海（海） 形声字。从“水”，“每”声，本义为大海，引申用于形容体积、容量大。

真（真） “真”的本义是珍贵，是“珍”的本字，现指与客观事物相符合，与“假”相对。

老（老） 象形字。甲骨文中象长发老人持杖行走，本义为年岁大的人，现泛指时间长的、陈旧的。

师（師） 会意字。从“帀”，从“𠂤”，本义为军队驻扎，现指教育人的人或擅长某种技术、技能的人。

吗（嗎） 《说文》中未收录“吗”，用于句末，表疑问的语气，篆书字形为左“口”右“马”组合而成。

同（同） 会意字。从“冃”，从“口”，本义为聚集，现指一样，没有差异。

什（什） 从“人”，从“十”，本义为户籍编制，十人为一家，后用作代词表疑问。

才（纔） 形声字。从“糸”，用作副词，表时间上刚刚、只有之意。

亮（亮）《说文》中未收录“亮”，篆书字形从“儿”，从“高”，本义为明亮、光线充足。

时（時） 形声字。从“日”，“寺”声，本义是季节，现为岁月、一段时间之意。

候（候） 形声字。从“人”，“矦”声，本义为观察守望，现指等待、看望问好。

觉（覺） 形声字。从“见”，“学”省声，本义为醒悟，现为发觉、感知之意。

得（得） 形声字。从“彳”，“导”声，“导”是“得”的初文，“得”字在甲骨文中从“贝”从“又”，表手持贝，强调得到、获得之意。

自（自） 象形字。甲骨文中形似鼻子，本义是鼻子，指鼻子表示自己。现指本人、己身。

己（己） 象形字。形似交错穿插的绳，用于第一人称表示自己。

很（很） 形声字。从“彳”，“艮”声，本义为不听从，引申表程度副词。

穿（穿）会意字。用牙咬出穴来，本义为穿透、打通。

衣（衣）象形字。像上衣之形，本义为带大襟的上衣，引申为衣服、覆盖表面的罩子。

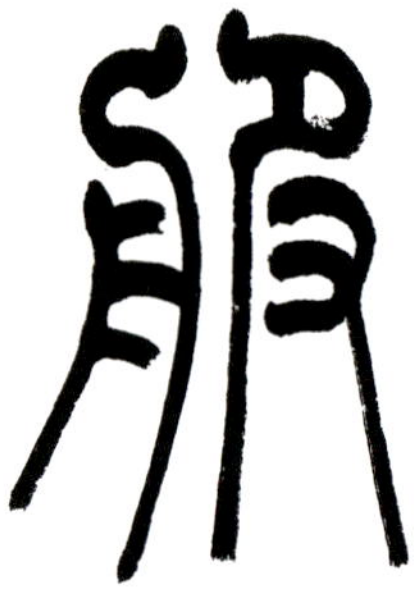

服（服）形声字。从“舟”，“𠬝”声，本义为任事、从事，引申为穿用之意。

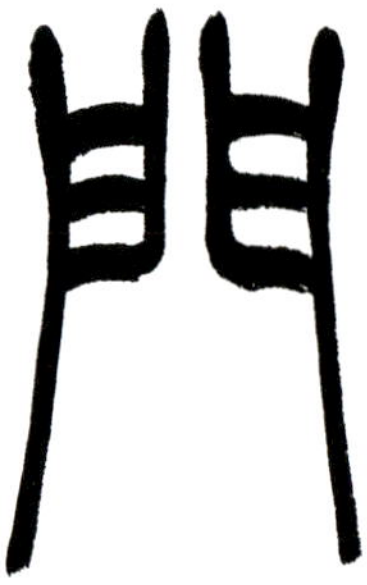

门（門）象形字。甲骨文中“门”形似双扇的柴门之形，本义为房屋的门，引申为途径、门户等意。

快（快）形声字。从“心”，“夬”声，本义为高兴、舒畅，引申为迅速之意。

蓝（藍）形声字。从“艸”，“監”声，为一种蓝色草本植物，引申为蓝色。

又（又）象形字。篆书形似右手形，本义为右手，引申为重复、连续之意。

笑（笑）从“竹”，从“夭”，本义为脸上因欢乐露出愉快的表情，发出的欢乐声音。

灵（靈）形声字。从“巫”，“霝”声，本义是古时楚人跳舞降神的巫师，现为聪明、不呆滞之意。

向（嚮） 形声字。从“日”，“鄉”声，本义为朝北的窗户，后引申为所朝方位之意。

和（和） 从“口”，“禾”声，表相应，跟着唱之意。也表连同之意。

贝（貝） 象形字。甲骨文中“贝”字形似海贝，古时贝用作货币，与钱财有关的字多用“贝”旁。

娃（娃） 形声字。从“女”，“圭”声。本义是貌美，引申指孩童。

燕（燕） 象形字。甲骨文中形似口中衔物，双翼张开的燕子形，是鸟类的一科，常在屋檐下筑巢。

活（活） 形声字。从“水”，本义为水流声，后引申为流动、生存之意。

金（金） 会意字。表示藏在地下的一种矿产，本义是铜。

哥（哥） 篆书从二“可”，古同歌，表咏唱、奏乐之意，引申用于对兄长的称呼。

姐（姐） 形声字。从“女”，“且”声，本义是母亲，后多用于称呼比自己大的女子。

弟（弟） 会意字。会次第缠绕之意，本义为缠绕的次序，引申为兄弟之弟，比自己小的同辈男性。

叔（叔） 从“又”，“尗”声，本义为拾取，引申为叔叔之意。

爺

爷（爺） 形声字。从“父”，“耶”声，本义为父亲，引申指祖父，也用作对人的敬称。

群（群） 形声字。从“羊”，“君”声，本义为羊群，引申为相聚在一起的人或动物。

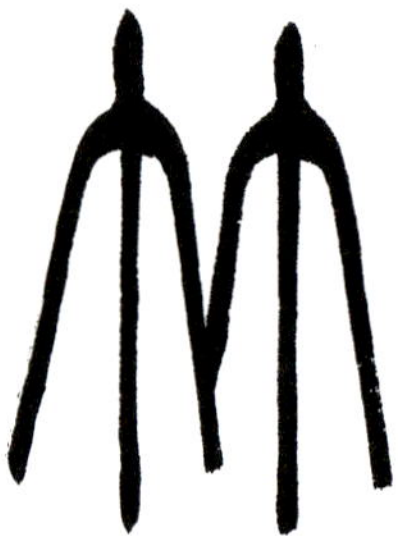

竹（竹） 象形字。形似下垂的竹叶，本义为中空、质地坚硬的植物。

教（教） 会意字。从“攴”，从“子”，从“爻”，会教导儿童学习之意，本义为指导、培育。

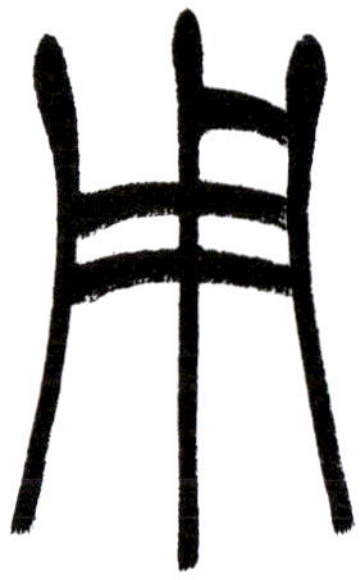

用（用） 象形字。形似“桶”，是“桶”的初文。本义为采用、使用。

几（幾） 会意字。从“戍”，表示事情刚露出苗头就加以防备。后引申为对数量的问询。

步（步） 会意字。甲骨文中“步”形似一前一后两只脚，本义为用脚行走。

为（爲） 甲骨文中，“为”字形似一手牵象，会劳作之意，本义为使象劳作。

场（場） 形声字。从“土”，“昜”声，本义为古代祭神用的平地，后泛指进行活动的场所。

加（加） 会意字。从“力”，从“口”，本义是诬枉、夸大，引申为增加、附加之意。

洞（洞） 形声字。从“水”，“同”声，本义为水流湍急，引申为穿透、透彻之意。

拔（拔） 形声字。从“手”，“犮”声，本义为抽拉，连根拽出。

乌（烏） 象形字。初文形似乌鸦，本义是乌鸦，引申为黑色。

鸦（鴉） “雅”是“鸦”的本字，“雅”的本义即是乌鸦，后引申为“高雅、文雅”等意，另造“鸦”字来表其本义。

处（處） 形声字。从“几”，“虍”声。本义为止息、居住。

找（找） 《说文》中未收录“找”字，为后起字，篆书字形由左“手”右“戈”组合而成。

办（辦） 形声字。从“力”，“辡”声，本义为处理、做。

操（操） 形声字。从“手”，“喿”声，本义为拿、握在手里，引申为操纵、驾驭之意。

许（許） 形声字。从“言”，“午”声，本义为听从、允许。

杨（楊） 形声字。从“木”，“昜”声，本为树木名，后多用于姓氏。

放（放） 形声字。从“攴”，从“方”，本义为驱逐、抛弃。现多为放置、处置之意。

进（進） 会意字。从“辵”，从“隹”，本义为向前或向上移动，与“退”相对。

高（高） 象形字。甲骨文中形似台观楼阁，本义为上下的距离大。

住（住）《说文》中未收录“住”字，“住”为后起字，表停下、驻扎之意。假借的近义字有多种写法。

孩（孩） 形声字。篆书从“子”，“亥”声，本义为小儿笑，引申指孩童。

玩（玩） 形声字。从“玉”，“元”声，本义为持玉观赏，后也指把玩他物。

吧（吧）《说文》中未收录“吧”字，“吧”为后起字，篆书字形由左“口”右“巴”组合而成。

发（發） 形声字。从“弓”，“癹”声，原为作起之意。现多为送出、放射、开展、产生之意。

芽（芽） 形声字。从“艸”，“牙”声。本义为植物生长过程中的幼体。

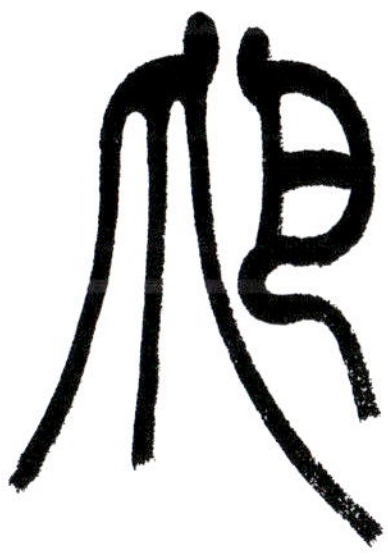

爬（爬） 形声字。从“爪”，“巴”声，本义为搔、挠，引申为爬行等意。

呀（呀） 形声字。从“口”，“牙”声，本义是张口喘气，后用于表示惊叹。

久（久） 象形字。本义是治病用的艾卷灸，引申为时间长。

回（回） 象形字。甲骨文中“回”字形似漩涡之形，是“洄”的初文，本义为漩涡。引申为迂回、掉转之意。

全（全） 篆书从“入”，从“玉”，表示完备、统一、整个之意。

变（變） 会意兼形声。本义为更改、改换。

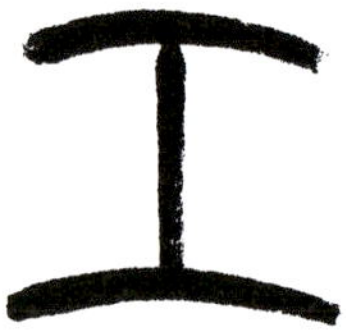

工（工） 象形字。形似古代的工具尺，本义是建筑用的基柱。

夕（夕） 象形字。像初月之形，表示傍晚之意，本义为日落、傍晚。

医（醫） 形声字。“医”是“醫”的简化字，从“酉”，“殹”声，本义为医生、医治之意。

院（院） 形声字。从“阜”，“完”声，本义为坚固，引申为院子内的空地。

生（生） 会意字。甲骨文中“生”字形似地上生出的草木之形，本义为生长，引申为出生、生育之意。

霜（霜） 形声字。从“雨”，“相”声，本义为凝结而成的白色水晶体，引申指白色。

吹（吹） 会意字。从“口”，从“欠”。本义为用嘴巴出气，后也比喻说大话。

落（落） 形声字。从“艸”，“洛”声，本义是指树叶脱落，也可以指衰落。

降（降） 会意字。会从高处降下之意，从“阜”，后引申出诞生之意。

飘（飄） 形声字。从“風”，“票”声，本义为暴风，后引申为飞扬、飘荡等意。

游（游） 形声字。从“㫃”，“汓”声，本义为旗帜下沿的垂饰，后引申为在水中浮行。游走、旅游的“遊”也同此篆法。

池（池） 形声字。古“池”与“沱”同字，“池”字篆书与“沱”同。

入（入） 象形字。本义为进入，从外面进到里面。

姓（姓） 会意兼形声字。从“女”，从“生”，本义为标志家族的字。现多指姓氏。

霞（霞） 形声字。从“雨”，“叚”声，本义为日出或日落时形成的彩色光象。

李（李） 形声字。从“木”，“子”声，本义为果树名，也指李树的果实，也用作姓氏。

张（張） 形声字。从“弓”，“长”声。本义为拉紧弓弦，与“弛”相对，后也用作姓氏。

古（古） 指事字。从“十”，从“口”，本义为年代久远的事物。

吴（吴） 会意字。歪头大声说话之意，本义为歌舞娱乐，后用“娱”来表此意，“吴”用作姓氏、地名。

赵（趙） 形声字。从“走”，“肖”声，本义为急走、跳跃，后借用为诸侯国之名，也用作姓氏。

钱（錢） 形声字。从“金”，“戔”声，本义为一种用以铲土的农具，后表示货币，也用作姓氏。

孙（孫） 会意字。从“子”，从“系”，会子孙延续之意，本义为儿子的儿子。

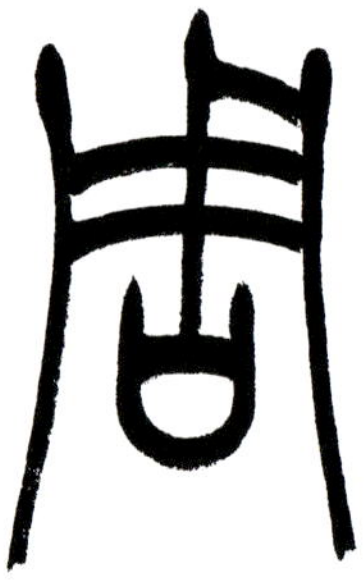

周（周） 象形字。“周”是“彫”的初文，表示雕刻细密之意，从“用”，从“口”。现为周全、周到、终始之意。

王（王） 象形字。甲骨文中“王”字形似斧钺，用斧钺象征王权，“王”的本义是最高统治者。“王”字篆书中间一横略靠上，“玉”字中间一横居于正中，二字易混。

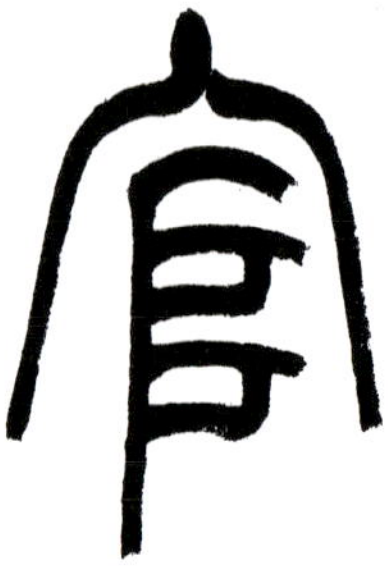

官（官） 会意字。从“宀”。“宀”表示房屋，“官”本义为驻扎的军队。后专指执政者、掌权人。

清（清） 形声字。从“水”，“青”声，本义为水澄澈透明，无杂质。

晴（晴）"晴"是"姓"的俗字，规范汉字后将"晴"确立为正字，"晴"的篆书字形为"姓"，本义指夜晚雨止星现，引申为天空晴朗之意。

眼（眼）形声字，从"目"，"艮"声，本义是眼睛，人和动物的视觉器官。

睛（睛）"睛"是"眹"的俗字，"眹"从"目"，"关"声，本义为眼珠，"睛"的篆书字形为"眹"。

细（細）形声字。从"糸"，"囟"声，本义为微小的丝，引申为精细等意。

护（護）形声字。"护"是"護"的简化字，从"言"，"蒦"声，本义为袒护，引申为监护、保卫之意。

害（害）形声字。从"宀"，从"口"，从"丰"，本义是灾祸。

事（事）会意字。甲骨文中"事"字作手持猎叉打猎之状，会做事之意。

情（情）形声字。从"心"，"青"声，本义为感情、情绪。

请（請）形声字。从"言"，"青"声，"请"的本义为拜谒，引申为延请、请求之意。

让（讓） 形声字。从“言”，“襄”声，本义为责备，现指请、谦退、允许之意。

病（病） 形声字。从“疒”，“丙”声，本义为重病，引申为患病、痛苦、为难等意。

相（相） 会意字。从“木”，从“目”，会相看、观看之意。

遇（遇） 形声字。从“辵”，“禺”声，本义为相逢、未事先约定而碰到。

喜（喜） 会意字。甲骨文中“喜”字从“壴”，从“口”，“壴”表示鼓，表示击鼓欢笑之意，本义为欢乐、喜悦。

欢（歡） 形声字。从“欠”，“雚”声，表示欣喜、高兴。

怕（怕） 形声字。从“心”，“白”声。本义为恬淡，是“泊”的本字，后用来表示畏惧之意。

言（言） 指事字。从“口”，表示说话的动作和所说的话，在构字中，多用于表示与语言相关的字。

互（互） 象形字。形似古代收绳器，后引申为交错之意。

令（令） 会意字。本义为上级向下级发出指示。

动（動） 形声字。从“力”，“重”声。本义表示背起来，引申为移动、运动等意。

万（萬） 象形字。甲骨文中“万”字形似蝎子，本义表示蝎子，后假借作数词，表众多、极多之意。

纯（純） 形声字。从“糸”，“屯”声，本义为生蚕丝，引申为不含杂质的、单一的意思。

净（淨） “淨”的本字是山东一水名，从“水”，“爭”声。干净的净，篆作“瀞”，从“水”，“静”声。

阴（陰） 形声字。从“阜”，“侌”声。表示天空布满云层，不见太阳。引申为背阳面。

雷（雷） 会意字。甲骨文字形似闪电周围雷声滚滚，本义表示云层放电而发出的巨响。

电（電） 会意字。表示下雨时的闪电，从“雨”，从“申”，本义是闪电，物理学中一种使灯发光、使机械转动的能量。

晨（晨） 会意字。“晨”本作“晨”，“臼”表示双手。甲骨文中“辰”是农耕用具，双手持农具而劳作，表示“早晨”之意，后用“晨”替代“晨”字。

冰（冰） 会意字。从“冫”，从“水”，本义为水遇冷凝结而成的固体，读作“凝”。冬天结冰的“冰”，如上图。

冻（凍） 形声字。从“冫”，“東”声，本义为水遇冷凝结，后引申为寒冷之意。

夹（夾） 会意字。从“大”，从“二人”，会二人中间搀扶一人之意，本义为左右相持。

吃（喫） 形声字。“吃”是“喫”的简化字，从“口”，“契”声，本义为吃东西，汉字简化后以“吃”为正体。

忘（忘） 会意兼形声字。从“心”，从“亡”。“忘”是“亡”的分化字，本义是不记得，后引申为遗弃等意。

井（井） 象形字。形似四木交搭的井口围栏，本义为水井。

村（邨） 从“邑”，“屯”声。本义是村庄。

叫（叫） 形声字。从“口”，本义是叫喊、呼喊，引申为招呼、命令等意。

毛（毛） 象形字。本义为兽毛即动物皮上的丝状物。另有一义指行动急躁。

主（主） 象形字。初文形似灯头火焰，表示神主，后引申为主张、根本、首领等意。

席（席） 会意字。本义是指供人坐卧的编织垫，从“巾”，“庶”声。

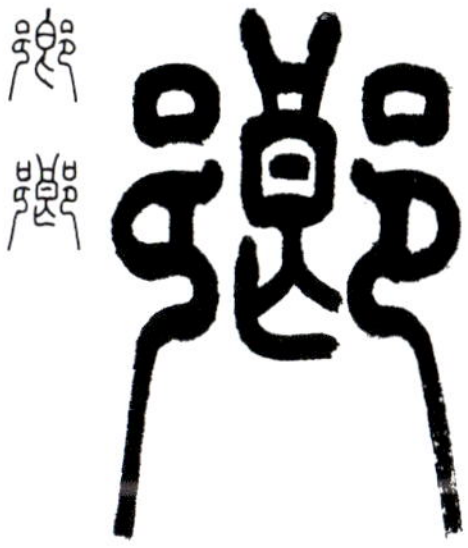

乡（鄉） 会意字。甲骨文中“乡”字形似两人相对而食，是“饗”字的初文，后引申为郊区、家乡等意。

暑（暑） 形声字。从“日”，“者”声，本义为炎热。

战（戰） 形声字。从“戈”，“單”声，本义为战斗。金文中从“戈”，从“兽”，“戈”表示武器，用武器与猛兽搏击。现指打仗、争斗。

士（士） 从“一”，从“十”，古代男子的美称，也是古代统治阶级的一个阶层。

酷（酷） 形声字。从“酉”，“告”声，本义为酒味浓厚，引申为香气浓盛之意，也引申为性格残暴之意。

想（想） 形声字。从“心”，“相”声。表示因希望而思念，后引申为思索、推测、想念等意。

告（告） 会意字。从“牛”，从“口”，“口”似器皿，用牛祭祀神灵求福，本义为告祭。现多为告知之意。

诉（訴） 形声字。从“言”，“𢁘”省声，本义为告知、诉说，引申为控告、求助等意。

京（京） 象形字。本义为人工筑成的高丘，引申为国都之意。

安（安） 会意字。从女在宀下，“宀”表示房屋，女子在居室中，会安静之意，本义表安静。

寒（寒） 会意字。从“宀”，从“茻”，从“人”，从“仌”，像人在房屋里周围布满了草，屋外有冰，表示天气很冷。

非（非） 会意字。甲骨文中“非”字形似鸟分张的翅膀，会相背之意，本义为违背，后引申为错误的，与“是”相对。

常（常） 形声字。从“巾”，“尚”声，“常”的本字是“裳”，指古人所穿下裙，后引申为普遍、经常之意。

壮（壯） 形声字。从“士”，“丬”声，本义是指人身材高大，后引申指事物大而有气势。

观（觀） 形声字。从“见”，“雚”声，本义为带有目的地仔细看，后泛指看。

接（接） 形声字。从“手”，“妾”声。本义为双手相触交会，引申为嫁接、相连、托住等意。

再（再） 会意字。甲骨文中“再”字形似两部分材木架起的样子。“再”表示两次、第二次，引申为另、另外之义。

做（做）《说文》中未收录“做”，“做”为后起字，是“作”的分化字，篆书为左“人”右“故”结构。

各（各） 会意字。从“夂”，像脚趾倒放之形，会到来之意。今作每个、彼此不同解。

圆（圓） 形声字。从“囗”，从“員”，本义为圆形，引申指婉转、流畅、圆满之意。

样（樣） 形声字。从“木”，“羕”声。“樣”原是“橡”的本字，后来表示形貌、式样。

伙（夥）《说文》中未收录“伙”字，“伙”是后起字，“伙”与“夥”是同源字，“伙”的篆书字形为“夥”。

刻（刻） 形声字。从“刀”，“亥”声。本义是雕凿、用刀锲刻，引申为程度深，如“深刻”，也用于表时间，如此刻、午时三刻。

却（卻） 形声字。从“卩”，“谷”声，本义为腿脚，引申为后退、退却之意。

也（也） 语气助词，用于句中或句末。

趣（趣） 形声字。从“走”，“取”声。本义为快步走，引申为兴趣、志趣等意。

食（食） 会意字。甲骨文中上部为倒口，下部为食器中盛满了食物，会张口吃饭之意。

太（太） 会意字。“太”与“泰”“大”同源。

阳（陽） 形声字。从“阝”，“昜”声，古代哲学中物质的两大对立面之一，与“阴”相对。

道（道） 会意字。从“辵”，从“首”，本义为道路，引申为抽象意义上的方法、规律，也指道家、道教。

送（送） 形声字。从“辵”，“灷”声，后“灷”讹为“关”，“送”的本义为遣去、送亲，引申为送行、馈赠之意。

忙（忙）《说文》中未收录“忙”字，“忙”为后起字，本义为内心慌张不安，篆书作左“心”右“亡”。今多指事多忙乱。

尝（嘗） 形声字。从“旨”，“尚”声，本义为辨别滋味。

香（香） 会意字。本义是谷物的芳香，后泛指香味。从“黍”，从“甘”。

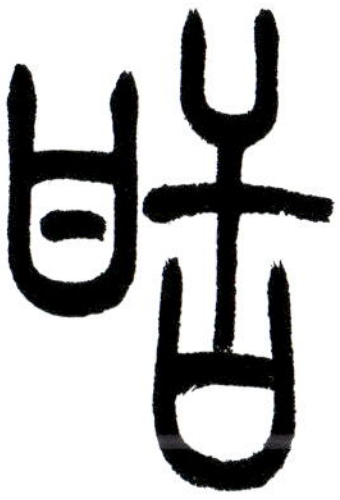

甜（甜） 会意字。从“甘”，从“舌”，会舌能感知甜味之意，引申为幸福、快乐之意，与“苦”相对。

温（温） 形声字。从“水”，“昷”声，本义为供人食饮，令人心里暖和。

暖（暖） 形声字。从“火”，“爰”声，本义是温暖，“煖”是“暖”的本字。

该（該） 形声字。从“言”，“亥”声，本义为军中戒约，亦有完备、具备、应当之意。

颜（顏） 形声字。从“页”，“彦”声。本义为眉宇之间。现指面容、脸色以及物体的色彩。

因（因） “因”是“茵”的本字，本义是席子，甲骨文中形似人在车席子之上。今指事物之由。

印（印） 会意字。从“爪”，从“卩”，用手按一人使其跪下之意，是“抑”的本字，现表示图章、痕迹。

匹（匹） 形声字。金文中“匹”从“石”，“乙”声，后字形逐渐讹化，用以表示马、布的量词，引申有匹配之意。

册（册） 象形字。甲骨文中“册”字形似绳编制简而成册，本义是编串在一起用来书写的竹简。

支（支）会意字。古文中形似手持半竹，表示劈下竹枝，是“枝”的本字。

铅（鉛）形声字。从“金”，本义为一种金属元素，春秋战国时期史书中已有记载“铅”这一金属，我国先民较早使用。

棵（棵）“棵”本是“梡”的异体字，规范汉字后将“棵”确立为正字，“棵”的篆书字形仍为“梡”的篆书，从“木”，从“完”。

架（架）《说文》中未收录“架”字，从“木”，“加”声，本义为搭设、构筑。

晶（晶）甲骨文中的“晶”字是三颗星星聚集的形象，表示闪闪发光、明亮璀璨的意思。

捉（捉）形声字。从“手”，“足”声。表示持、握，引申为抓、捉捕之意。

急（急）形声字。从“心”，“及”声，本义为狭窄、后引申为着急、焦躁等意。

直（直）会意字。甲骨文中“直”字从“目”，从“丨”，会用眼睛测量材料、使之不弯曲之意，本义为不弯曲、笔直，后引申为正直。

河（河）形声字。从“水”，“可”声。本义为黄河，后用作河流的统称。

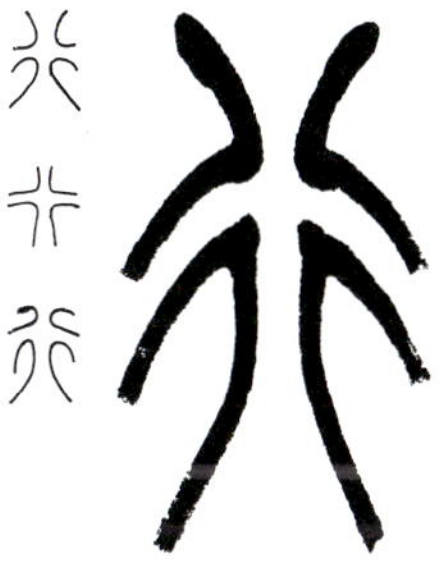

行（行） 象形字。甲骨文中“行”字形似十字路口之形，本义为十字路口，后引申为行走、通行之意。

虚（虚） 形声字，从“丘”，“虍”声，本义是大土丘，是“墟”的古字，现表示空、不真实等意。

信（信） 会意字。从“人”、从“言”，意为人言为信，“信”字在战国时代字形地域差别很大，六国文字各有特点。

跟（跟） 形声字。从“足”，“艮”声，本义为后脚跟，引申为物体的后部，后又有跟随、追随的意思。

机（機） “机”的本意是古代弓弩上用来发射箭的装置，现多用于表示“机会”“机器”等意。

忽（忽） 形声字。从“心”，“勿”声，本义为心神不定，恍惚之意，后引申为迅速、迅疾等意。

喊（喊）《说文》中未收录“喊”字，“喊”为后起字，本义为大声呼叫。篆书字形由左“口”右“咸”组合而成。

身（身） 象形字。甲骨文中“身”字形似人的身躯，突出人的腹部。

泉（泉） “泉”是一个象形字。篆书形似险峻的高山之间有水流喷涌而出，本意为泉水。

窝（窩）形声字。《说文》中未收录“窝”字，“窝”为后起字，本义为鸟兽鱼虫的巢穴。

孤（孤）形声字。从“子”，“瓜”声。本义为丧父的儿童，后引申为父母双亡的儿童，又用作帝王的自称。现多表孤立、孤独之意。

单（單）象形字。形似狩猎时的工具，后用来表示单独、孤单等意。

流（流）从水，表示水迅急涌出的态势。现引申用作像水流的东西，如“气流、电流”，或用作动词表移动之意，如“流失、流传”等意。

都（都）形声字。从“邑”，“者”声，本义表示有先祖的城邑，后引申为聚集、总括等意。

邻（鄰）形声字。从“邑”，“粦”声，表示住处接近的人家。

居（居）形声字。从“尸”，“古”声，“居”的本义是箕踞，是古代不拘礼节的一种坐法。居住的“居”篆如左侧小字。

招（招）形声字。从“手”，“召”声，指举手挥动向人致意，后引申为招致、引来。

静（静）形声字。从“争”，“青”声，本义是色彩鲜明，引申为安静、平定、恬淡之意。

珠（珠） 从“玉”，“朱”声，本义表示珍珠。现字形归入“王”部，表示与玉石相关的意思。

怎（怎） 形声字。从“心”，“乍”声。用以表示询问的疑问代词。

独（獨） 形声字。从“犬”，“蜀”声，因犬好独立，不成群，本义表单独、独立。

跳（跳） 形声字。从“足”，“兆”声，本义为跳起、跳跃。后引申到思维活动的闪现。

绳（繩） 形声字。“绳，索也。”为棉麻纤维等拧成的条状物，多用于穿连和捆扎。

讲（講） 形声字。从“言”，“冓”声，“冓”表遇到，“言”表交谈、沟通，表把事情和道理说出来之意。

迹（迹） 走路留下痕迹的地方，后用来引申为表示行踪、踪迹之意。

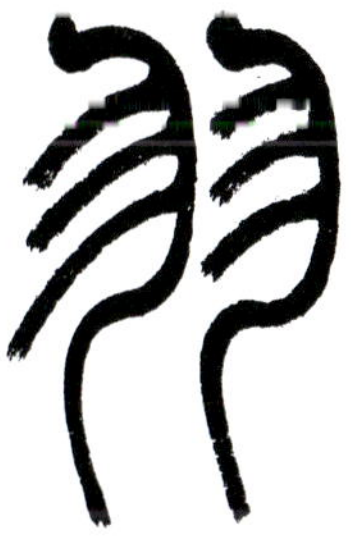

羽（羽） 象形字。甲骨文中“羽”形似鸟的羽毛状，本义表示鸟的羽毛，后引申为鸟类。

球（球） 形声字。从“玉”，“求”声，本表示美玉之意，后专用来表示圆形立体物品，如篮球、足球等。

戏（戲） 形声字。从“戈”，“䖒”声。本义为中军的侧翼，后引申为嬉戏、戏剧等意。

篮（籃） 形声字。从“竹”，“监”声，表示用竹子或藤条等编织而成的盛器。

连（連） 会意字。从“辵”，从“车”，人拉车之意。现引申为接续、连接之意。

运（運） 形声字。从“辵”，“军”声，表示移动。

夜（夜） 形声字。从“夕”，“亦”声。表示夜晚之意。

思（思） 形声字。从“心”，“囟”声。“思”字原作上“囟”下“心”，后“囟”演变为“田”，表示想、动脑筋之意。

床（床） 形声字。从“木”，“爿”声。表置于室内的卧具。

光（光） 会意字。从人在火上，表光明之意。

疑（疑） 形声字。本义表迷惑，后引申为疑问、猜疑之意。甲骨文中“疑”字形似人手持杖左右张望，表示犹豫不决。

举（舉） 形声字。甲骨文“举”字形似下面大人双手托举起孩童，从“手”，“舆”声。表示向上抬。

望（望） 会意字。甲骨文形似人在土堆上举目远望之意，金文中加“月”，表示望月之意。

低（低） 形声字。从“人”，“氐”声。表示矮，意与“高”相对。

故（故） 形声字。从“攴”，“古”声。“攴”表手持器具，强调役使，现指缘故、原因、过去的事物。

胆（膽） 形声字。从“肉”，“詹”声，本义为动物的器官，后引申为胆量、胆气之意。

敢（敢） 会意字。甲骨文中“敢”字为手持工具刺野猪之形，表有胆量、勇于进取之意。

往（往） 形声字。“往”的甲骨文从“之”，“王”声，后加“彳”强调行走。

踪（蹤） 形声兼会意字。本意为足迹，走路后留下的脚印或行为留下的痕迹。

勇（勇） 形声字。从“力”，“甬”声，古文中“勇”字从“心”，篆书中“勇”字从“力”。

窗（窗）象形字。古文中写作“囱”，甲骨文中形似窗户，后加形符“穴”，表窗户之意。

乱（亂）会意字。甲骨文中形似双手理顺之态，本义为整理、使之有条理。现表无秩序状。

偏（偏）形声字。从“人”，“扁”声。表偏斜之意。

首（首）象形字。“首”的甲骨文形似有头发的人头，像人头形，强调头部。

原（原）会意字。金文形似泉水从山崖涌出，从“厂”，从“泉”，“原”是“源”的古字，表示水流的源头。

像（像）形声字。《说文》未见。从“人”，“象”声，表示相似。

微（微）形声字。本义为“隐蔽、隐匿”，现指事物细小、衰落。

端（端）形声字。本义为直，不歪斜。从“立”，“耑”声。

粽（糉）形声字。“粽”是“糉”的俗字，本义是端午节纪念屈原所食用的粽子，从“米”，“㚇”声。

节（節） 形声字。“节”的本义是竹节，从“竹”，“即”声。后引申为节约、节制之意。亦表节气、节日、时段等。

总（總） 形声字。“总”的本义将头发聚拢，系扎起来。从“糸”，“悤”声。

跑（跑） 形声字。从“足”，“包”声，本义为兽用蹄子刨地，后来指人或动物的腿快速交替移动。

米（米） 象形字。像米粒之形，甲骨文中一横画上下各有三点，后演变成上下中间的点连成一笔。

间（間） 会意字。“间”的本字是“閒”，从“门”，从“月”。本义为缝隙，会从门的缝隙中看到月光之意。

分（分） 会意字。从“刀”，从“八”。会以刀分物之意。

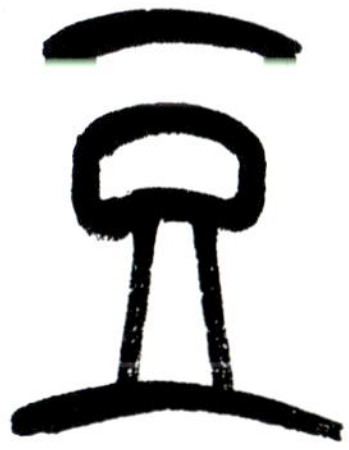

豆（豆） 象形字。“豆”是古代常用的食器之一，其篆书字形形似器皿的形态。

肉（肉） 象形字。“肉”的初文形似肉块，后添加表示纹路的饰笔。篆书“肉”与“月”形近。

带（帶） 象形字。篆书形似围在腰间、捆扎衣服的腰带，两端向下垂。

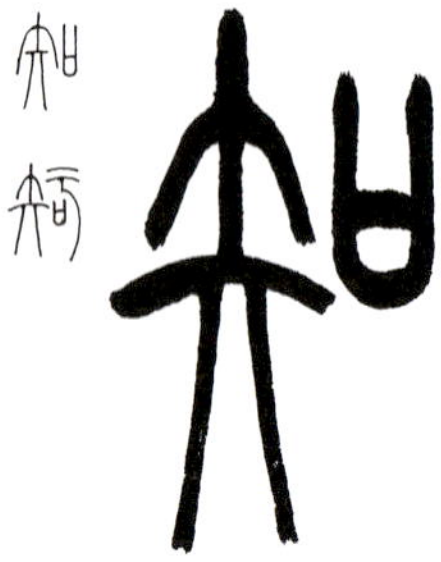

知（知） 形声字。从“口”，“矢”声。“知”与“智”本为一字，后分化为两字，各有分工，“知”表知道、了解、知识等意。

义（義）“义”的本义是威严，其篆书字形从“羊”、从“我”。后指人之秉性气节合乎礼数。

念（念） 形声字。从“心”，“今”声。表常思、惦记。

虹（虹） 形声字。甲骨文中“虹”似虫形，古代先民把天上的长虹视作把头伸到地上饮水的巨物，篆书从“虫”，“工”声。

座（座）《说文》中未收录“座”字，“座”为后起字，本义为供人坐的坐具，是“坐”的加旁分化字，从“坐”、从“广”，“广”表房屋。

浇（澆） 形声字。从“水”，“尧”声，表示灌溉之意，引申为浇注。

提（提） 形声字。本义悬空拎着物品。从“手”，“是”声。亦引申表示“提防”之意。

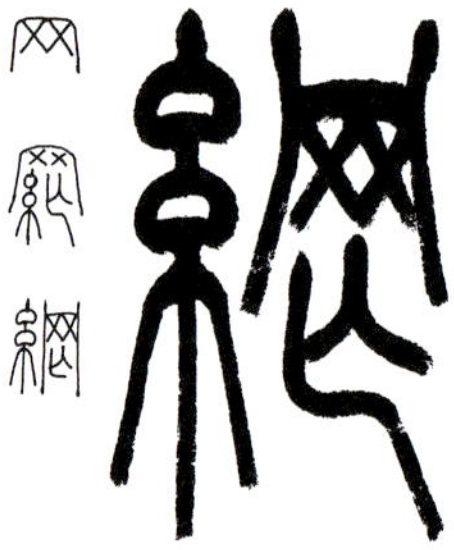

网（網） 象形字。甲骨文形似一张网形，像木棍作为支架编制的网，用来捕鱼捕鸟。

挑（挑） 形声字。篆书从“手”，“兆”声，本义为拨动，后引申为挑选、肩担之意。

兴（與） 会意字。甲骨文中“兴”字形似四只手共同抬起一个器物，表示共同发力的意思。现表兴趣、兴旺、高兴之意。

镜（鏡） 形声字。从“金”，“竟”声，用来照形取影的器具。

拿（拿） 形声字。从“手”，“奴”声。“拏”是“拿”的本字，本义为握持，引申为抓取之意。

照（照） 形声兼会意字。金文“照”字左半部分形似手持火把，右半部分“召”表声，小篆改为从“火”，“昭”声，本义为明亮，后引申为光线照射。

粮（糧） “粮”本写作“糧”，篆书从“米”，从“量”；本义是供军队食用的谷物。现为食用谷类豆类的总称。

裙（裙） 形声字。“裙”字是“帬”的俗字，如今汉字规范化以“裙”为正字，“裙”字从“巾”，“君”声。

眉（眉） 象形字。甲骨文中“眉”字像“目”字上有眉毛之形，小篆由图形化转为文字化，本义为眉毛。

鼻（鼻） 形声字。“自”是“鼻”的本字，“鼻”字从“自”，从“畀”。

嘴（嘴） 《说文》中未收录“嘴”字，“嘴”是后起字，小篆字形由左“口”右“觜”组合而成。

脖（脖）《说文》中未收录“脖”字，“脖”是后起字，其本义指肚脐，后指颈项。小篆字形由左“月”右“孛”组合而成。

臂（臂）形声字。本义是胳膊，动物的前肢，从“肉”，“辟”声。

肚（肚）《说文》中未收录“肚”字，本义为人或动物的腹部，小篆字形由左“肉”右“土”组合而成。

篆（篆）形声字。从“竹”，“彖”声，与竹、简册有关，本义为运笔书写，现指汉字的一种书体，广义的篆字是中国古文字的统称。

书（書）形声字。从“聿”，“者”声，“聿”表示手执笔，甲骨文中像手执笔在器物上写画之态，本义为记载，现多指书籍。